Am Vorabend der neuen Reichsfinanzreform.

Von

Dr. Hans Köppe,
Professor an der Universität Marburg a. d. Lahn.

Leipzig,
Verlag von Duncker & Humblot.
1908.

Inhaltsangabe.

Die Arbeit wurde abgeschlossen am 26. September 1908.

Einleitung.

Zum sechsten Male schickt man sich im Deutschen Reiche an, eine Reichsfinanzreform in Angriff zu nehmen. Noch keinmal war sie dringlicher und waren die Verhältnisse, unter denen sie erfolgen mußte, drückender, war die finanzielle Lage des Reiches schlechter und der Mehrbedarf gegenüber den zurzeit verfügbaren Finanzmitteln größer als dieses Mal. Schon ein summarischer Vergleich mit der Lage bei den Reformversuchen von 1879, 1893, 1894, 1904 und 1906 zeigt dies[1]). Und doch ist weniger als je für das deutsche Volk ein echter Grund vorhanden, an den wirtschaftlichen Kräften zur Heilung der finanziellen Übel ernstlich zu zweifeln oder gar in Sorge um die Lebenskraft des Reichskörpers zu geraten. Dementsprechend ist auch für die frohlockenden Stimmen im Auslande, die das Reich bereits an Entkräftung hinsiechen sehen, kein Grund zum Jubel vorhanden. Denn die Periode zwischen der ersten und der jetzt bevorstehenden Finanzreform ist die eines gewaltigen wirtschaftlichen Aufschwunges, den auch zeitweilige Unterbrechungen durch

---

[1]) Betreffs der Entwicklung der Reichsfinanzen bis zum Jahre 1902 sei Bezug genommen auf die eingehende Darstellung in meinem Buche „Die Reichsfinanzreform", Verlag von C. L. Hirschfeld in Leipzig, 1902. Eine auszugsweise Wiedergabe und Besprechung enthält der Leitartikel in Nr. 1007 der „Kölnischen Zeitung" vom 22. Dezember 1902.

Über die Reform von 1906 orientiert in ausgezeichneter Weise die Schrift von Dr. Linschmann „Die Reichsfinanzreform von 1906", Stuttgart 1906 (Bibliothek der Staats- und Rechtskunde).

Krisen nicht zu hemmen vermochten, und der die Leistungsfähigkeit des Volkes für den Staats- und Reichsbedarf ganz erheblich gestärkt hat.

Seit der Steuerreform von 1891/93 hat die Besteuerung des Einkommens in Preußen den doppelten Ertrag gebracht. Er stieg von 125 auf 250 Millionen Mk. In den anderen Staaten ist der Wohlstand im ganzen gleichartig gestiegen. Seine rapide Zunahme tritt augenfällig zutage in der Lebenshaltung nicht nur der oberen Schichten sondern auch der mittleren und in bescheidenem Maße auch der unteren, in der äußeren Erscheinung der Städte und der Einrichtung der Wohnungen, in der Erweiterung und genußreicheren Ausgestaltung — nicht immer auch Verfeinerung — der Lebensbedürfnisse aller Arten. Mag man die Beleuchtung oder die Verkehrsmittel, die physiologisch entbehrlichen Genußmittel oder die gewöhnlichen Nahrungsmittel oder welche Gegenstände der Bedarfsbefriedigung auch immer ins Auge fassen: von der bedeutend verbesserten Qualität des Schlachtviehes an bis zur Erhebung der Zigarette zum Volksgenußmittel und bis zum Luxusautomobil des Reichen, in allen möglichen Erscheinungsformen wird die nämliche Tatsache immer aufs neue bestätigt. Vor allem die Tatsache, daß die Wohlstandszunahme eine wirtschaftliche Massenerscheinung und nicht ein nur den oberen Kreisen zufallender Glücksgewinn ist. Die Sparkassenstatistik beispielsweise zeigt dies an, da die Sparkasse ganz überwiegend die Bank der mittleren und unteren Schichten ist. Die Sparkasseneinlagen stiegen seit Beginn dieses Jahrhunderts um 600—800 Millionen Mk. jährlich, während daneben die Zersplitterung des Aktienbesitzes und der Anteil der mittleren Schichten an ihm in fortgesetztem Wachstume begriffen ist. Eine Dividendensteuer wäre längst keine Besteuerung der „Reichen" mehr. Die Zunahme des Volksvermögens im Deutschen Reiche wird nach den vorsichtigsten und zuverlässigsten Berechnungen auf rund 4 Milliarden Mk. jährlich, das gesamte Volksvermögen ohne dasjenige der öffentlich-rechtlichen Korporationen auf allermindestens 200 Milliarden Mk. geschätzt. Die Entwicklung des Eisenbahn-, See- und Wasserstraßenverkehres, der Ein- und Ausfuhr von Waren, des Verbrauchs von Nahrungs- und Genußmitteln auf den Kopf der Bevölkerung, namentlich von solchen, die — wie z. B. der Zucker — an sich entbehrlich sind, aber zum Behagen des Lebens immer mehr unentbehrlich erscheinen, des Bestandes unserer Handelsflotte, der Produktion unserer Kohlen- und Erzbergwerke, unserer Eisen- und Textilindustrie, des Verbrauchs an Gas und Elektrizität, der Emission und des Umsatzes neuer inländischer Börsenwerte usw. bestätigen die dauernde Zunahme des nationalen Reichtumes und lassen auch ihren Grad ziemlich genau erkennen.

Damit ist aber auch die Steuerkraft, die Hauptquelle für die Deckung des wachsenden Reichsbedarfes, in entsprechendem Steigen begriffen. Wie kommt es nun, daß es so außerordentlich schwierig für das Reich ist, diese Kraftzunahme für seinen Bedarf zu verwerten, die gestiegene steuerliche Leistungsfähigkeit zweckdienlich auszunutzen für die Erfüllung seiner in notwendigem, ursächlichem Zusammenhange mit der ganzen Entwicklung ebenfalls außerordentlich gestiegenen Aufgaben? Es sind verfassungspolitische Zustände und Tatsachen, aber auch schwerwiegende Gründe rein innerlicher, nur psychologisch zu erfassender Natur, die Schuld daran haben. Zu den ersteren kann man nicht schon die Tatsache rechnen, daß das Reich kein Einheitsstaat, sondern ein Bundesstaat ist, also bei der Besteuerung in Konkurrenz mit den Einzelstaaten und ihren engeren Verbänden, den Provinzen, Kreisen, Gemeinden, tritt. Denn auch andere Bundesstaaten, wie die Vereinigten Staaten von Nordamerika, von Brasilien oder Mexiko oder wie die Schweiz, verstehen es, dem Bunde ausreichende Einnahmen zu erschließen, ohne die Bundesglieder darben zu lassen. Auch die besondere Lage Deutschlands in der Mitte Europas zwischen vielen und zum Teil schwierigen Nachbarn, die Nachwirkungen der auf kriegerischem Wege vollzogenen Einigung und Reichsgründung, die Erfahrung, daß eine Reihe von glücklichen Kriegen den Sieger den Völkern verdächtig macht und ihn daher zu besonders starken Rüstungen gegen feindliche Koalitionen zwingt — alle diese an sich zutreffenden Gründe genügen allein noch nicht zur Erklärung. Besser schon die geschichtliche Tatsache, daß die Reichsverfassung, in Eile und als Kompromiß verschiedener einander stark widerstrebender Strömungen zustande gebracht, gerade in ihrem das Finanzwesen organisierenden Teile einen ausgesprochen provisorischen Charakter erhielt, dessen Überführung in dauernde, organische, aus einheitlichem Gusse gebildete Formen aber wegen desselben Antagonismus sich bisher als unmöglich erwiesen hat. Daraus erklären sich wenigstens zu großem Teile die drei Hauptübel, welche die Reichsfinanznot verschulden, nämlich: zu große Ausgaben im Verhältnis zu den Einnahmen, eine übermäßig rasch anschwellende Schuldenlast und ein viel zu kompliziertes und zugleich viel zu starres System des Reichsfinanzwesens, besonders der in den Matrikularbeiträgen und Überweisungen ausgedrückten finanziellen Beziehungen zwischen Reich und Einzelstaaten. Denn die rechtzeitige Erschließung hinlänglich ergiebiger Einnahmequellen wurde dadurch verhindert, infolgedessen das Reich zum Schuldenmachen gedrängt und sein Verhältnis zu den Einzelstaaten nicht zu demjenigen einer organischen Abgrenzung der beiderseitigen Finanzen, besonders der Steuererhebung, sondern mehr und mehr zu dem einer gegenseitigen, verwirrenden und lähmenden Abhängigkeit gestaltet. Wie das im einzelnen geschah, davon später. Den Ausschlag für das Andauern der „Reichsfinanznot" geben aber doch die innerlichen Gründe. Sie bewirkten und bewirken noch, daß die Erschließung der in der Volkswirtschaft neu hinzugewonnenen Schätze für die Zwecke des Reiches, dessen Schutz und kraftvoller Initiative diese Reichtumszunahme doch in erster Linie zu danken ist, immer wieder aufgehalten und ins Ungewisse verschoben wird. Darüber bedarf es zuvörderst einiger Worte.

I. Die psychologische Seite des Problems.

Da das Reich eigenes produktives Vermögen nur in verhältnismäßig bescheidenem Maße besitzt, so ist es in der Hauptsache auf Steuern angewiesen. Eigene Einnahmen hat es nur aus dem Post- und Telegraphenbetriebe, aus seinem Anteil an der Reichsbank, aus der Reichsdruckerei und den reichsländischen Eisenbahnen. Nach dem Etat für 1908 betragen die Überschüsse aus diesen Betrieben insgesamt nur rund 167¼ Millionen Mk. bei einer Gesamtausgabe des ordentlichen Etats von etwas über 2½ Milliarden. Das Reich muß daher, solange es neue wirtschaftliche Betriebe nicht erwirbt oder einrichtet, mit Steuern, und soweit diese nicht ausreichen mit den Matrikularbeiträgen der Einzelstaaten den darüber hinausgehenden Bedarf von rund 2352 Millionen decken. Die Ausgaben sind aber von nicht ganz ½ Million im Jahre 1872 (ohne die Kriegsausgaben) auf die jetzigen 2½ Milliarden gestiegen. Die Matrikularbeiträge betrugen im Jahre 1872 82¼ Millionen, im Jahre 1908 346 Millionen Mk.

Wie verhalten sich nun die Reichssteuerzahler — und das sind, da das Reich fast ausschließlich indirekte Steuern erhebt, alle Reichsbewohner — diesem wachsenden Mehrbedarfe gegenüber? Vor allem herrscht unter der großen Masse einerseits eine krasse Unkenntnis selbst inbezug auf die wichtigsten Tatsachen der finanziellen Verhältnisse des Reichs und der finanziellen Seite seiner verfassungsrechtlichen Organisation, anderseits eine wie es scheint angeborene und jedenfalls tief eingewurzelte Abneigung, von der unter dem Schutze und durch die Leistungen und Aufwendungen des Reichs erworbenen und wachsenden Wohlstandsmehrung entsprechende Beträge an das Reich zur Deckung der dadurch verursachten Unkosten abzugeben. Beide Eigenschaften, die Unkenntnis und die Abneigung, stehen in engem Zusammenhang und bedingen sich gegenseitig. Namentlich trägt die letztere wesentlich dazu bei, daß man sich mit der Materie überhaupt nicht näher beschäftigt und ihr sein Interesse versagt. Der Hauptfehler liegt hier in dem Mangel jeglicher Erziehung und Vorbereitung für die Staats- und Reichsbürgerschaft. Die Verfassungen geben das Wahlrecht für die Volksvertretung dem Staatsangehörigen, ohne sich im übrigen darum zu kümmern, daß dieses Recht Pflichten gegen das Staatswesen in sich schließt, als deren Ausdruck es im Grunde genommen angesehen werden muß. Die Erziehung zu einem gewissen Grad der Reife für die Ausübung dieser Pflichten fehlt in unserem Erziehungssysteme so gut wie ganz. Zu allem möglichen wird der junge Deutsche vom Staate herangebildet, nur nicht zur Kenntnis vom Wesen des Staates selbst, von dessen Lebensäußerungen und Lebensbedingungen. Alles, was ihn in den Stand setzen kann, sich ein selbständiges Urteil über die Dinge zu bilden, die ihn als Staatsbürger angehen und von deren Anschauung die Art der Ausübung seiner staatsbürgerlichen Rechte, insbesondere des Wahlrechtes, abhängt, muß er sich selbst verschaffen, wie es Zufall, Umgebung, Lebensverhältnisse und -schicksale gerade mit sich bringen. Das ist natürlich von allergrößter Wichtigkeit für die Verhältnisse im Reiche, wo das allgemeine und gleiche Wahlrecht gilt. Mit einer Art genialer, sonst nicht üblicher Sorglosigkeit wird jedem überlassen, ob und wie er sich die Kenntnisse und das Urteil aneignet oder nicht aneignet, welche die Ausübung seiner politischen Rechte nach dem idealen Grundgedanken des Wahlrechts voraussetzt. Die parteipolitische Agitation macht sich diese Lücke begreiflicherweise zu nutze. Sie findet ein unbestelltes Feld bei dem aus der Schule in das Leben tretenden jungen Manne vor und weiht ihn gleich durch Parteipresse, Versammlungen, Vereine und sonstige Bearbeitung im Geiste ihrer Auffassung und Tendenz in die Verhältnisse, Einrichtungen und Vorgänge des Staatslebens ein, so daß er, wenn er politisch zu sehen und zu denken anfängt, von Anfang an durch die Brille der Partei sieht und in ihren Gedankengängen denkt, ohne eine sachliche Prüfung an der Hand irgendwelcher Vorbildung vornehmen zu können, ohne einen Stützpunkt für eine selbständige, innerlich freie, unbefangene Würdigung der Parteidoktrin zu besitzen.

Das ist der gewöhnliche Weg, wie der Deutsche zum bewußten Staatsbürger wird und wie er sich zur Ausübung seiner politischen Rechte vorbereitet. In der Schule wird zwar die Vaterlandsliebe eingeprägt, aber das nationale Interesse wird dabei lediglich als Gefühls- und nicht auch als Verstandeswert geschätzt und behandelt. Angelernte Empfindungen verlieren aber nur allzuleicht die Kraft in den Stürmen und Gewissenskämpfen des späteren Lebens. Sie wurzeln in Triebsand, nicht in festem Boden, wenn nicht auch die verstandesmäßige Einsicht, das Erkennen und Achten des historisch Gewordenen, das Bewußtsein von der Notwendigkeit des staatlichen Gefüges, der staatlichen Interessen, der Staatsaufgaben und -ausgaben hinzutritt. Der Zusammenhang zwischen dem Leben des Einzelnen und des Gemeinwesens, ihre gegenseitige Bedingtheit und Beeinflussung müssen erst einmal begriffen sein, um die Anteilnahme am Leben des Staates über den kümmerlichen Gesichtspunkt der Wahrnehmung des geschäftlichen Selbstinteresses und des Schutzes der Eigentumssphäre gegen den Einbruch der öffentlichen Steuergewalten hinauszuerheben. Der Staat als Steuerfiskus, dieser als Feind der Bürger, gegen den man sich möglichst fest verschanzt, das ist die landläufige Vorstellungsweise, auf deren Boden sich auch die Beurteilung der Finanz- und Steuerpläne der Regierungen und die Ausübung des Wahlrechts sowie die an die Volksvertreter gestellten Ansprüche bewegen. Zur Wahlzeit soll dann alles Versäumte innerhalb vier Wochen im Agitationswege nachgeholt werden, und man wundert sich gar noch, wenn das nicht gelingt. Die absolute Herrschaft der rein privatwirtschaftlichen Denkweise, der die Notwendigkeit der Staatswirtschaft und deren Verflechtung mit den Interessen des einzelnen Bürgers ein siebenmal versiegeltes Buch ist, ist die gefährlichste Klippe für jede organische Fortentwicklung des Staatswesens und speziell für jede Reichsfinanzreform. Sie beruht zu großem Teile auf dem Mangel an Verständnis, nicht an Vaterlandsliebe, und jener Mangel wiederum in erster Linie auf der Lücke im Unterricht und im ganzen Erziehungswesen. Eine Unmasse von Stoff wird in den Schulen mit einer Ausführlichkeit verarbeitet und dem Gedächtnisse eingepflanzt, von dem sehr wohl ein bescheidener Teil auf dem „Altar des Vaterlandes" geopfert werden könnte. Die Schüler lernen z. B. die biblische Geographie und die gewiß sehr interessante Geschichte des jüdischen Volkes mit echt deutscher Gründlichkeit kennen. Es würde aber ihrer intellektuellen und sittlichen Erziehung keinen Abbruch tun, wohl aber dem Staate und Reiche in hohem Maße zugute kommen, wenn ihnen wenigstens eine *Ahnung* aufginge vom Wesen des Deutschen Reiches und seiner Glieder, von den großen Aufgaben, die es auf sich genommen hat, und von den Mitteln, mit denen es diese zu erfüllen sucht. Wenn die künftigen Reichsbürger lernten, daß ihre eigene Gesamtheit diese Reichsgemeinschaft bildet, daß jeder von ihnen berufen ist, zu seinem größeren oder geringeren Teile mitzuwirken an der Erreichung der hohen, idealen Ziele, die das Reich sich setzt — der den Frieden sichernden wehrhaften Rüstung, der Fürsorge für die Schwachen, Hilfsbedürftigen, für Invaliden und Veteranen, der Förderung der großen, interessanten Probleme des modernen Verkehrswesens.

Und wenn sie in diesem Zusammenhange „Moses und die Propheten" auch in jener anderen bekannten Bedeutung kennen lernten, die sie für unsere vielgeplagten Finanzminister haben, so würde diese Bereicherung ihres Verständnisses sehr wohl unbeschadet ihrer gründlichen religiösen und sonstigen Belehrung und Erziehung möglich, dem nationalen Interesse aber in hohem Maße förderlich sein. Im Herzogtum Sachsen-Altenburg ist neuerdings, Zeitungsnachrichten zufolge, das Alte Testament als Unterrichtsgegenstand ganz ausgeschaltet worden. Sicherlich wird man dabei von der Überzeugung geleitet gewesen sein, daß die religiöse und moralische Erziehung durch diese Entlastung des Unterrichtsstoffes nicht gefährdet wird. So weit zu gehen wäre für unseren Zweck aber gar nicht nötig. Eine mäßige Ausscheidung vom Übermaß mancherlei Lehrstoffes und eine Entlastung der Gedächtnisarbeit zugunsten anregender Einführung in die Grundelemente unseres nationalen Zusammenlebens würde genügen. Dinge der Gegenwart und des unmittelbaren Erlebens sind für Kinder schon an und für sich die interessantesten und diese Umwechslung des Stoffes würde daher eine Auffrischung des Interesses am Ganzen des Unterrichts bewirken, zumal dem neuen Lehrgegenstande so viele anziehende, auch auf das Gemüt wirkende Seiten eigen sind, daß ein tüchtiger Lehrer bei einer lebendigen Behandlung der Sache viel erreichen könnte. Es darf diese Anregung natürlich nicht etwa dahin mißverstanden werden, als sollte nun irgendwelche Fachgelehrsamkeit aufgezüchtet werden. Selbstverständlich muß die Belehrung in diesen Dingen dem Niveau der Schule angepaßt sein und sich in den Grenzen ihres allgemeinen Aufgabenkreises halten. Aber die Schule bereitet nicht für bestimmte Berufe, sondern für das ganze Leben vor

— sie soll es wenigstens — und das Leben aller einzelnen aus ihr hervorgegangenen Männer verflechtet sich mit dem Leben der großen Gesamtheit, des Staates und des Reiches. Staat und Reich sind der höchste äußere Ausdruck des organisierten Gesellschaftslebens. Die Belehrung über sie und ihre Funktionen läßt sich nach der Art und der Zielsetzung der Schulen abstufen. Aber auch auf der höchsten Stufe, auf den Universitäten, und hier erst recht, sollte sie allen denen, die nicht schon in ihrem Berufsstudium sich damit zu befassen haben, zuteil werden. Zum Ganzen der auf deutschen Universitäten gegebenen akademischen Bildung gehört unbedingt auch ein gewisses Maß von Kenntnis und Verständnis des Staats- und Gesellschaftslebens und seiner verfassungsmäßigen Formen. Der Staat, der dies nicht für erforderlich hielte, würde sich selbst unter seinem Werte einschätzen. Das Verlangen danach ist auch ganz augenscheinlich bei der studierenden Jugend in hohem Maße vorhanden. Es kommt nur darauf an, ihm auf die richtige Art entgegenzukommen. Überall ist natürlich eine verständige Begrenzung der Aufgabe nötig. Die knappe oder umfassendere Kenntnis der Grundelemente des Reichs- und Staatswesens in ihrem organischen und geschichtlichen Zusammenhange ist das Ziel. Dabei soll vor allem das Verständnis für die großen Fragen der Zeit vorbereitet und daher auch vom Wesen der regelmäßig wiederkehrenden Staatsaufgaben, wozu auch die gesetzliche Feststellung des Reichs- und Staatshaushalts gehört, eine Anschauung gegeben werden. Ist es doch das Höchste, was ein Unterricht — auf welcher Stufe auch immer — erreichen kann, wenn er ein dauerndes, lebendiges Interesse an der Sache hervorzubringen vermag. Dieser Erfolg wiegt weit mehr als die Summe des erlangten und doch meist vergänglichen „positiven" Wissens. Gelänge es unserem Unterrichtswesen, neben einigem Wissen und einem leidlichen Verständnis für das Leben, die Aufgaben, Bedürfnisse und Existenzmittel von Reich, Staat und Gemeinde ein nie wieder verloren gehendes Interesse an diesen Dingen und Lust zu zeitweiliger Selbstbeschäftigung damit einzupflanzen, so würde auch der Reichstagswähler von morgen nicht mehr, um in einem Bismarckschen Vergleiche zu sprechen, der „blinde Hödur“ von heute sein und wir würden eine gewisse Widerstandskraft im Volke finden, wenn etwa Parteiführer in der großen, eminent nationalen Frage der Reform der Reichsfinanzen öffentlich um den Preis für die Mitwirkung ihrer Partei an der Lösung feilschen oder die Vorteile oppositioneller Stellung zur Herausschlagung eines möglichst großen Parteiprofits erörtern. Nur ein sachlich ungebildetes Volk, das wegen seiner Unkenntnis auch die Bedeutung und Tragweite der Frage und vor allem ihren Zusammenhang mit der Machtstellung des Reichs unter den Völkern nicht zu übersehen vermag, läßt sich dergleichen bieten. Zunehmendes Verständnis für die Notwendigkeit und die möglichen Wege einer organischen Reichsfinanzreform wird stets die beste Garantie sein für eine gesunde Entwicklung der Reichs- und Landesfinanzen. Es wird manche Volksvertreter zu Rücksichten zwingen, die ihnen jetzt fremd sind, und es wird in den Lebensfragen des Volkes nicht mehr, um wiederum einen Bismarckschen Ausspruch (aus der Reichstagssitzung vom 9. Mai 1884) zu gebrauchen, heißen können: „vivat fractio, pereat mundus“.

Freilich — wer war Bismarck?! Vor einigen Jahren beschäftigte die Presse sich mit den unglaublichen Antworten, die Lehrer auf diese ihre gelegentliche Frage in den Schulen erhalten hatten. Offiziere nahmen die Frage auf und richteten sie an ihre Soldaten und es wurden die konfusen, beschämenden Antworten gesammelt, um in den Zeitungen die Runde zu machen. Das waren Augenblicksaufnahmen von dem mehr als dürftigen Verständnisse des Volkes für Werden und Wesen des Reichs, auf das man aus der Unklarheit über die Person des großen Schmiedes unserer Reichseinheit zuverlässig schließen konnte. Das hat Bismarck nicht um das Reich verdient, daß man ihn so schlecht kennt. Aber das verdient auch das Reich nicht, daß seine Angehörigen es nicht besser kennen als Götz von Berlichingens Söhnchen seines Vaters Burg und Land. Will man die Vaterlandsliebe gegenüber den antinationalen Bestrebungen fest und tief in die jungen Seelen einpflanzen, so lehre man sie das Vaterland kennen und verstehen. Verständnis für eine Sache hat der Zuneigung zu ihr noch nie geschadet, sondern sie nur gefördert. Das bloße anerzogene Gefühl hält durchaus nicht immer Stand, wenn wirtschaftliche oder soziale Verhältnisse das patriotische Empfinden in oft sehr scharfe Konflikte bringen. Die tägliche Erfahrung lehrt es, nicht bloß in Wahlzeiten. Wer dagegen weiß, was sein Vaterland ist und was er an ihm hat, was er von ihm empfängt und was er ihm schuldet, was es haben muß zu seinem Leben und was er ihm für das seinige dankt, dem erwächst auf festem Grunde das selbstgewonnene und nie ganz verlierbare Gefühl einer engen Zusammengehörigkeit, aus dem das Pflichtbewußtsein sich in der Stimme des Gewissens immer wieder Bahn bricht, zum mindesten in den großen Fragen, in denen schließlich der Appell an das Volk die Entscheidung bringt. Dann fühlt auch der Volksvertreter, daß er einer nicht sachfremden Kontrolle seiner Wähler untersteht. Der Wähler als Erzieher der Volksvertreter — wie weit sind wir davon noch entfernt! Aber sehr segensreich wäre wenigstens ein Schutzwall gegen allzuviele und allzueinseitige Fraktionspolitik in Gestalt eines Verständnisses der Wähler mindestens für die Bedeutung und den Zusammenhang der großen Reichsfragen und in Gestalt ihres Interesses zur Sache, die doch die Sache der Volksgesamtheit ist. Dem deutschen Volke fehlt die Befähigung dafür nicht. Was waren ihm Flotte und Kolonien früher viel anders als geldverschlingende Ungeheuer und wie hat das Volk selbst in den entlegenen Gegenden rückständiger Kultur bei der letzten Reichstagswahl verlangt, von den Kolonien und der Flotte zu hören, und seinen gesunden Instinkt in der zwar langsamen aber dauerhaften Erfassung ihrer großen nationalen Bedeutung zum Ausdruck gebracht. Flotte und Kolonien sind jetzt dem Volksbewußtsein nationale Notwendigkeiten — noch gilt aber nicht das gleiche von der Heilung und grundlegenden ergiebigen Ausgestaltung unserer Reichsfinanzen. Auch diese wird voraussichtlich erst kommen, wenn dem Volke klar geworden ist, um was es sich dabei für es selber handelt. Auf dieses Klarwerden hinzuwirken, gibt es aber für die Staaten Mittel und Wege, zu deren wichtigsten in erster Linie der Volksunterricht gehört. Nicht als ob alles Heil von ihm allein zu erwarten wäre, aber er ist eine der Hauptaufgaben des Staates, der darum hier am wirksamsten das Seinige zur nationalen Erziehung des Volkes beizutragen vermag [1]).

Unserem Volke tut eine solche Einwirkung ganz besonders deshalb not, weil die in seiner Volkswirtschaft herrschend gewordene Wirtschaftsform des Kapitalismus, mag sie auch das Volk materiell um noch so viel reicher gemacht haben, unzweifelhaft auf den Volkscharakter vielfach ungünstig eingewirkt hat. Die rein geldmäßige Denkweise ist ihm nur allzu geläufig geworden und es kann sich von ihr nicht losmachen, vor allem nicht in wirtschafts- und finanzpolitischen Dingen. Die Steuer ist ein Stück Unkosten der Produktion oder der Lebenshaltung, welche beide so billig als möglich zu halten der oberste Grundsatz

---

[1]) Nach Abschluß dieses Abschnittes der Arbeit erschien die Broschüre „Der Deutsche als Staatsbürger", Betrachtungen über Politik von Reg.-Rat Dr. Karl Regenborn, deren sehr lesenswerte, umfassende Ausführungen zum Teil nach ähnlicher Richtung sich bewegen. Dem Satze (S. 49): „Ein Volk, das politisch erzogen werden soll, bedarf der Erzieher," ist durchaus beizupflichten.

der Wirtschaftlichkeit ist. Darum: möglichst wenige und niedrige Steuern. Das ist die Quintessenz der vulgären Denkweise. Von dem Zweck und der Verwendung der Steuer, von den Bedingungen, unter denen die Produktion und die Lebenshaltung stattfinden, von deren völliger Veränderung, ja Umwälzung seit der Reichsgründung, von dem Verdienste des Reiches an diesem Umschwunge und von der Erhöhung der Einkommen und der Lebenshaltungsstufe als Folge dieser intensiven Reichstätigkeit fehlt jede Vorstellung; es fehlt selbst der Wille zur Vorstellung. Auf die Frage: Willst du wohlhabend werden und Steuern zahlen oder arm bleiben und keine Steuern zahlen, hat der Durchschnittsdeutsche nur eine Antwort: Recht reich werden und keine Steuern zahlen. Das ist echt kapitalistisch, aber nicht logisch und darum auch nicht möglich. So ist das nicht unzutreffende Wort von der Reichsknickrigkeit entstanden, das dem Deutschen besonders im Auslande gern angehängt wird[1]). Man hört wohl zur Not die Predigt über die Notwendigkeit endlicher Erschließung ausreichender Einnahmequellen für das Reich an — sofern man von Steuern überhaupt irgendetwas mit Geduld anhört. Wenn dann aber der Reichsklingelbeutel herumgeht, möchte man am liebsten einen Knopf hineinstecken und dem Nachbar das Zahlen überlassen. „Nur diese Steuer nicht," ist bisher noch immer die Antwort auf jede Steuer gewesen — womit freilich nicht jede Steuer empfehlenswert, aber die Notwendigkeit irgendwelcher Steuern doch sicher nicht geringer wird. Der Deutsche erregt sich in Massen gewöhnlich nur, wenn große Fragen entstehen, die das Gemüt aufregen. Man denke an den Burenkrieg und an die Katastrophe des Zeppelinschen Luftschiffes. Er kann dann auch über die Maßen freigebig sein, und es ist ein guter Zug

[1]) Vgl. darüber die Ausführungen in dem sehr interessanten Buche „Die deutsche Finanzreform der Zukunft", 3. Teil von „Staatsstreich oder Reformen", von einem Ausland-Deutschen, Zürich 1907.

des Volkscharakters, daß ideale Wallungen weit über das Geldschrank- und Ladenkasseninteresse hinauslodern, zur größten Betroffenheit unserer intimen und nichtintimen Feinde außerhalb der Reichsgrenzen. Die Reichsfinanzfrage hat aber auf das deutsche Gemüt noch keinen oder doch nur insofern Einfluß, als das Gemüt auf Seiten der steuerlich bedrohten Güter steht: des Tabaks, Bieres, Branntweines, der Ansichtspostkarten oder der Aufsichtsratstantiemen. Es steht aber hier meistens auf der falschen Seite. Soweit diese Frage nicht überhaupt bloß Verstandessache ist, sollte das Gemüt dem Reiche, dessen Lebensnerv gekräftigt werden muß, eher sich zuneigen als der mit der Steuerreform auf irgendwelchem Gebiete unvermeidlich verbundenen Ausgabenerhöhung, zumal diese doch gleichsam nur die Versicherungsprämie für das steigende Einkommen und die Lebenshaltung auf höherer Stufe ist. Nur sehr wenige empfinden so wie jener hessische Bauer, der am Tage des Inkrafttretens der Fahrkartensteuer eine Fahrkarte löste, und als er auf seine Frage, was er denn wegen der neuen Steuer zuzahlen müsse, erfuhr, für die IV. Klasse gelte diese nicht, erwiderte: „Das ist nicht recht; wenn es not tut, sollten alle zahlen[1])!"

In den hier skizzierten psychologischen Momenten liegen die tiefsten und feinsten Wurzeln der Reichsfinanzreformfrage. Wer sich als Staatsmann, Abgeordneter oder sonstiger Interessent mit dem Problem beschäftigt, sollte an ihnen nicht achtlos vorübergehen, sondern seinen Gedanken nur auf diesem Wege Zutritt zu der Erfassung der Lage und der Abhilfemittel geben. Daher sind die vorstehenden, keineswegs abschweifenden, sondern den innersten Kern des Problems berührenden Betrachtungen auch mit Absicht vorangestellt worden. Manches wäre dazu noch auszuführen, doch fehlt hier der Raum dafür.

[1]) Nach mündlichen Mitteilungen eines süddeutschen Reichstagsabgeordneten, der dies Gespräch mit anhörte.

II. Reichsdefizit, Reichsschulden, Matrikularbeiträge und Überweisungen.

Wie die finanzielle Lage des Reiches gegenwärtig ist, hat sich bei der Aufstellung und Beratung des Reichsetats für das Jahr 1908 mit genügender Deutlichkeit ergeben und ist durch die reichlichen Erörterungen, die seitdem in der Literatur und Presse darüber stattgefunden haben, bekannt geworden. Wenn allerdings die Angaben über die Höhe des Gesamtbedarfes noch erheblich auseinandergehen, so liegt das daran, daß bei den Berechnungen der Kreis der dem Reiche bevorstehenden Aufgaben bald enger, bald weiter gezogen wird. Es genügt hier der Hinweis darauf, daß bei der letzten Reform von 1906 eine Einnahmenerhöhung von 250 Millionen Mk. von der Reichsregierung für erforderlich erklärt wurde. Die dem Reichstage gemachten Vorlagen waren darauf berechnet, eine sofortige Erhöhung um 230 Millionen herbeizuführen, die sich mit der Zeit auf 250 Millionen steigern würde. Der Reichstag nahm, von anderweiten Berechnungen ausgehend, einen Bedarf von nur 200 Millionen an; aber die von ihm zur Deckung bewilligten Steuern, das Ergebnis langwieriger Verhandlungen und Kompromisse und ein recht krauses, aus allen Ecken und Enden zusammengekratztes Gemisch, waren nur auf eine Gesamteinnahme von 170 bis 180 Millionen berechnet. Es blieben also 50 bis 60 Millionen ungedeckt, die als Restdefizit auf neue Rechnung vorgetragen werden mußten. Dieses schwoll aber sofort dadurch an, daß die neuen Steuern erheblich, nämlich mindestens 40 Millionen, weniger einbrachten als sie sollten. Sonach ergibt sich ein chronisches Defizit von rund 100 Millionen Mk. Dazu treten nun noch wichtige neue Bedürfnisse: 70 Millionen für Erhöhung der Beamtengehälter, 35 Millionen als Ausgleich für die zum 1. April 1909 in Aussicht genommene Herabsetzung der Zuckersteuer, 20 Millionen für Entlastung des zusammenschmelzenden Reichsinvalidenfonds (später noch erheblich mehr), 25 Millionen zum endlichen Beginn der bei der Reform von 1906 beschlossenen organischen Schuldentilgung, die aber durch eine Klausel im Etatgesetz für 1908 der schlechten Finanzlage halber suspendiert werden mußte, endlich ein noch nicht abzuschätzender Reichszuschuß zur Witwen- und Waisenversicherung, die im Jahre 1910 in Kraft treten soll. Dazu kommt die Befreiung der Einzelstaaten von den ihnen bisher gestundeten ungedeckten Matrikularbeiträgen und der Ersatz für die im Interesse der Eisenbahneinnahmen in Aussicht genommene Beseitigung der Fahrkartensteuer. Der Gesamtbedarf, der noch zu Anfang des Jahres 1908 von den süddeutschen Finanzministern in den Landtagen auf 300 Millionen Mk. geschätzt wurde, wird neuestens vom Staatssekretär des Reichsschatzamtes selbst auf annähernd 500 Millionen Mk. beziffert [1]).

Ihren Ausdruck findet diese Finanzlage in der Steigerung der durch Überweisungen nicht gedeckten Matrikularbeiträge, von denen der über 24 Millionen hinausgehende Betrag bekanntlich bis zum dritten Rechnungsjahre gestundet wird. Nach der Rechnung des Jahres 1906 waren ungedeckte und zugleich gestundete

---

[1]) Nach neuesten Veröffentlichungen schließt ferner die Jahresrechnung für 1907 mit einem Fehlbetrage von 14 Millionen Mk. ab und sind außerdem die Überweisungssteuern um 7,1 Millionen Mk. hinter dem Etatanschlage zurückgeblieben, wodurch sich die ungedeckten Matrikularbeiträge um die letztere Ziffer erhöhen.

Matrikularbeiträge in Höhe von 28 Millionen, aus dem Jahre 1907 von 64 Millionen vorhanden. Im Etat für 1908 (einschließlich Nachtragetats) sind die Matrikularbeiträge mit 346 028 000 Mk., die Überweisungen mit 195 736 300 Mk. angesetzt, so daß 126 291 700 Mk. ungedeckte und zugleich gestundete Matrikularbeiträge sich ergeben. Die Lage wird aber noch dadurch ganz besonders scharf beleuchtet, daß 260 Millionen neue Anleihen, und zwar größtenteils zu unproduktiven Zwecken, in diesem Jahre aufgenommen werden, womit die vierte Milliarde der fundierten Reichsschuld überschritten und die Gesamtschuld, einschließlich der Schatzanweisungen, die im Jahre 1900 $2^1/_2$ Milliarden betrug, auf $4^1/_2$ Milliarden erhöht wird. Die Schuldenfrage bedarf in diesem Zusammenhange eines kurzen Rückblickes.

Nach Erschöpfung der durch die französische Kriegskostenentschädigung gewährten Mittel für außerordentliche Ausgaben wurde im Jahre 1875 der Beginn mit der Aufnahme von Reichsanleihen gemacht. Dabei wurde der Artikel 73 der Verfassung sehr weitherzig ausgelegt, da der Fall eines „außerordentlichen Bedürfnisses“ in Wirklichkeit oft nicht vorlag, sondern es sich um einmalige ordentliche Ausgaben handelte. Die Verstärkung von Heer und Flotte, der die Anleihen überwiegend dienten, war ihrem Wesen nach niemals ein „außerordentliches“ Ereignis, sondern jedesmal nur ein unselbständiger Teil eines Entwicklungsprozesses. Die Situation nach einem glücklichen Kriege ist regelmäßig für den Sieger die, daß er von allen Seiten beargwöhnt wird. Um wie viel mehr mußte dies dem Reiche gegenüber nach drei ruhmreichen, an glänzenden Siegen so reichen Kriegen geschehen. Dazu kamen die Revanchegefahr, die geographische Lage des Reiches in der Mitte Europas, die Fortschritte der Kriegstechnik, der Mangel einer erst völlig neu zu schaffenden Kriegsflotte. Bei den ersten Anleihen glaubte man in der Tat, daß nur ein Ausnahmefall vorliege. Man war also bezüglich des Artikels 73 in gutem Glauben auf seiten der Regierungen und des Reichstages. Dazu kamen dann noch die Bedürfnisse der Post- und Telegraphenverwaltung, die zur Schaffung eines einheitlichen und zeitgemäßen Verkehres ganz besonders beizutragen hatte und deren Leistungen der Volkswirtschaft in hohem Maße zugute kamen. Nachdem im Jahre 1890 die erste, im Jahre 1895 die zweite Milliarde der fundierten Schuld überschritten war, begann man zur Schuldentilgung im Wege von Gelegenheitsgesetzen, den sogenannten leges Lieber, zu schreiten, nämlich durch jährliche Einbehaltung je eines Teiles der Überweisungen für die Schuldentilgung, also zu Lasten der Einzelstaaten. Aber dies Verfahren währte nur bis 1900, dann war die Finanzlage zu ungünstig geworden. Inzwischen gab Preußen durch sein Tilgungsgesetz vom 8. März 1897 das gute Beispiel einer organischen Schuldentilgung. Dieses mußte um so anreizender wirken, weil für die Reichsschulden produktives Vermögen nur von relativ geringem Umfange haftet, diese also auf den Reichsfinanzen schon an und für sich schwerer lasten als namentlich die fast ganz für Eisenbahnzwecke aufgenommenen preußischen Staatsschulden von rund 8 Milliarden Mk. auf den preußischen Finanzen. Denn die Reichsanleihen sind ganz überwiegend zu nur mittelbar produktiven Zwecken aufgenommen. Die Zinsen und Verwaltungskosten der Reichsschulden haben bis zum 31. März 1906 schon 1454,97 Millionen Mk. betragen [1]). Professor Schanz berechnet, daß ein Mehr von 70 Millionen Mk. an Steuern, seit 1877 jährlich gezahlt, genügt haben würde, das Reich schuldenfrei zu lassen. Statt dessen muß es nun allein an Zinsen jährlich 145,8 Millionen aufbringen, also mehr als das Doppelte davon. Außerdem ist es, wie schon erwähnt,

---

[1]) Nach Prof. Schanz im „Finanzarchiv", 25. Jahrg., Bd. 1, S. 255/7.

nicht möglich gewesen, den Anfang mit der nach preußischem Vorbild endlich reichsgesetzlich eingeführten Schuldentilgung in Höhe von $^3/_5$ % der Gesamtschuld jährlich zu machen — eine Selbstdemütigung betrübender Art! Mit vollem Rechte weist Schanz auf den Zusammenhang dieses Übels mit der das System der Überweisungen einführenden clausula Franckenstein hin. Durch diese habe das Reich über $^1/_2$ Milliarde Mk. an Einnahmen bis zum gleichen Tage verschenkt, während es selbst Schulden über Schulden anhäufen mußte. Die Reichsanleihen beliefen sich nach dem Stande vom 1. Januar 1908, ohne die Papiergeldschuld von 120 Millionen, auf $4003^1/_2$ Millionen Mk. Sie werden aber voraussichtlich noch im laufenden Jahre auf mehr als $4^1/_2$ Milliarden anwachsen. Die Schulden der Einzelstaaten betrugen im Jahre 1907 ca. 13 Milliarden. Für Reich und Einzelstaaten zusammen beträgt die Schuldenlast also 17—18 Milliarden, während Frankreich mit 25,6 Milliarden Mk. die größte Staatsschuld hat. Es folgen Rußland mit 19, Großbritannien mit 16, die Vereinigten Staaten mit 10, Österreich mit $8^1/_2$, Ungarn mit $4^1/_4$ und Japan mit 2 Milliarden Mk.

Zweifellos birgt der deutsche Schuldenstand zurzeit keine ernstlichen Gefahren in sich, denn ihm steht ein weit größeres produktives Vermögen des Reiches und der Einzelstaaten zusammengerechnet gegenüber. Der Jahresertrag der produktiven Unternehmungen des Reiches und der Einzelstaaten wird auf zusammen 1 015 139 000 Mk. berechnet, dem ein Jahresschuldendienst von nur 753 Millionen gegenübersteht[1]). Die Zinsen der Reichsschuld werden ungefähr durch die jährlichen Erwerbseinkünfte des Reiches gedeckt. Aber das Schlimme und Unheimliche ist das Tempo der Zunahme. Die Reichsschuld hat sich seit 1890, wo sie 1118 Millionen betrug, fast vervierfacht.

[1]) Vgl. den Artikel der „Grenzboten“: Statistisches zur Finanzlage, 1908, 28.

Für die nächsten Jahre ist eine Steigerung um eine weitere Milliarde nach den Erklärungen des Staatssekretärs des Reichsschatzamts zu erwarten. Schanz weist darauf hin, daß, wenn die Schuldenlast des Reiches auch nur gleichbleibt, das Reich in den nächsten 30 Jahren 30 × 136 = 4080 Millionen für Verzinsung seiner Schuld zahlen muß, also mehr als das ganze Schuldkapital jetzt beträgt. Dabei ist der Jahreszinsendienst nach den allerneuesten Feststellungen mit 145,8 statt mit 136 zu beziffern, so daß sich also 30 × 145,8 = 4374 Millionen ergeben. Dem gegenüber ist die energische Schuldentilgung Großbritanniens, an der zu allen Zeiten soweit nur irgend möglich festgehalten worden ist, geradezu als Muster hinzustellen. Die englische Schuld betrug im Jahre 1880 15—16 Milliarden Mk. Durch Tilgung war sie bei Beginn des Burenkrieges schon bis auf 12,7 Milliarden gesunken. Sie stieg durch diesen Krieg zwar um 3 Milliarden, so daß sie im Jahre 1907 nahezu 16 betrug, hat aber jetzt den Stand von 1880 mit 15½ wieder erreicht. Vom Krimkrieg bis zum Burenkrieg ist Großbritannien ohne neue Anleihen ausgekommen. Frankreich hat zwar, wie erwähnt, die höchste Schuldenlast. Sie betrug vor dem Kriege von 1870 13 788 Millionen Fr. und ist von 19 Milliarden Fr. im Jahre 1871 auf nahezu 31 Milliarden Fr. im Jahre 1892 angewachsen, aber seitdem, abgesehen von einer im Jahre 1901 erfolgten Emission, wenigstens stabil geblieben. Ihre Verzinsung erfordert 1233 Millionen Fr.

Sehr ungünstig wirkt bei uns namentlich die hohe Ziffer der schwebenden Schuld als erheblicher Teil der Gesamtschuld ein, da sie der Emission von neuen Anleihen hinderlich ist und die Schatzanweisungen des Reichs nach den eigenen Zugeständnissen der Reichsregierung (im Artikel der „Nordd. Allg. Zeitung" vom 9. September 1908) nur eine verschleierte dauernde Schuld sind, endlich auch, weil die Zinsen der schwebenden Schuld eine in normalen Verhältnissen vermeidliche, also unnötige Ausgabe bilden. Sie beträgt allein für das Reich ca. 900 Millionen, für die Einzelstaaten 700 Millionen, und hat für das erstere ihren Grund in der Unzulänglichkeit der Betriebsmittel, der jetzt durch die Verwendung der Einnahmen aus der vermehrten Prägung der Silbermünzen wenigstens teilweise abgeholfen werden soll. Das dauernde Defizit ist nach jener Mitteilung der Regierung Schuld daran, daß die ursprünglich nur als Verstärkung des Betriebsfonds der Reichshauptkasse gedachten kurzfristigen Anweisungen zu einer verdeckten Anleiheschuld geworden sind. Hier zeigt sich der enge Zusammenhang zwischen Reichsdefizit und Reichsschuld ganz besonders und es ist daher verständlich, daß die Reichsfinanznot nicht bloß im Fehlen genügender Einnahmen zur Deckung des ordentlichen Bedarfs, sondern ebensosehr in den Schuldenverhältnissen des Reichs wurzelt. Die Stabilisierung des Anleihewesens und des Kursstandes der Anleihen wird daher von der Regierung ebenso dringlich wie die Erschließung neuer Einnahmequellen gefordert. Denn der für den Reichs- und Staatskredit namentlich im Falle drohenden Krieges sehr gefährliche, im übrigen der Volkswirtschaft durch die Verteuerung des Geldes wegen des darin enthaltenen Steigens des Zinsfußes sehr nachteilige Tiefstand der Reichs- und Staatsanleihen ist zweifellos in erster Linie auf die Überlastung des Marktes mit solchen zurückzuführen.

Die schlimmste Art von Anleihen ist die Zuschußanleihe zur Deckung eines Defizits im ordentlichen Etat, denn sie widerspricht den elementarsten Grundsätzen einer verständigen Wirtschaftsführung. Sie bedeutet das Leben auf Borg und den Anfang des Ruins der Wirtschaftsführung. Das Reich hat aber davon Gebrauch gemacht und damit die Reichsfinanznot gleichsam feierlich proklamiert, indem man den Fall eines außerordentlichen Bedürfnisses für vorhanden ansah wegen der Unmöglichkeit, mit den zur Verfügung stehenden Mitteln den ordentlichen Bedarf zu decken. Dies geschah im Jahre 1903 bei einem Defizit von 76,7 Millionen, wovon 31 Millionen im Jahre 1904 aus Mehreinnahmen getilgt werden konnten. Hier zeigte sich ganz eklatant das Versagen der Matrikularbeiträge als angeblicher „beweglicher Faktor", die Starrheit des jetzigen Systems, die Hohlheit des angeblich in ihnen enthaltenen „Einnahmenbewilligungsrechts". Denn die Einzelstaaten waren mit ihrer Fähigkeit, Matrikularbeiträge zu leisten, am Ende. Diese reichten nicht aus und der Reichstag mußte dieser Auffassung zustimmen. Es war die offizielle Bankerotterklärung des durch die clausula Franckenstein permanent gewordenen Systems der Matrikularbeiträge. Es zeigte sich, wie recht bei Begründung des Reichs man geurteilt hatte, als man die Matrikularbeiträge nur als Notbehelf einführte, in der Erwartung, es werde bald für ihre Ersetzung durch geeignete Mittel gesorgt werden, wie recht namentlich Miquel gehabt hatte, als er bei der Bekämpfung der Matrikularbeiträge davon sprach, daß durch sie geradezu die „finanzielle Anarchie" proklamiert werden würde. Denn ein geordnetes Finanzwesen sei weder für den Bund noch für die Einzelstaaten bei einer solchen Einrichtung möglich. Nach diesen Erfahrungen und angesichts der geschilderten überstürzten Zunahme der Gesamtschuld kann die von der Regierung daraus gezogene Schlußfolgerung auf allseitige Zustimmung rechnen, nämlich: „die Einleitung einer stetigen Schuldentilgung sowie Vorkehrung gegen die weitere Vermehrung der Schulden für unproduktive Anlagen müssen daher im Vordergrunde der Reform stehen."

Aber auch das dritte oben genannte Hauptübel, die Unzweckmäßigkeit des ganzen, allzu komplizierten und daher zu starren S y s t e m s der Reichsfinanzen, wird als solches erkannt. „Die Reichsfinanzreform würde unzulänglich bleiben, wenn nicht neben die materielle auch eine formelle Neuregelung träte." Außer einer Stärkung des Reichsbetriebsfonds durch Beseitigung der Vorschußwirtschaft erschien es geboten, „unter Wahrung des budgetären Bewilligungsrechts der Volksvertretung die Beziehungen des Reichs zu den Einzelstaaten von dem System der alljährlich schwankenden ungedeckten Matrikularbeiträge loszulösen und auf eine feste Grundlage zu stellen." Mit Vorschlägen für eine solche „organische Reform der gesamten deutschen Finanzgebarung" wollen die Regierungen vor den Reichstag treten. Es soll daher hier die Unzulänglichkeit dieses Systems, insbesondere des Apparats der Matrikularbeiträge und Überweisungen einer kurzen Betrachtung unterzogen werden.

Die Einrichtung der Matrikularbeiträge ist aus dem Deutschen Bunde übernommen worden, der sie für die seltenen Fälle gemeinsamer Ausgaben vorsah. Dieser hatte sie vom alten römischen Reiche deutscher Nation übernommen, in dem sie jahrhundertelang die einzige Form der Aufbringung von Mitteln für Reichsbedarf waren, und zwar fast ausschließlich für Kriegszwecke. Sie dokumentierten die Schwäche des zerfallenden Reichs, das keine eigene Steuergewalt besaß. Seine Versuche mit der Erhebung einer direkten Reichssteuer, des „gemeinen Pfennig", im 15. und 16. Jahrhundert, scheiterten kläglich. Die Matrikularbeiträge sind also, geschichtlich betrachtet, aber auch ihrem Wesen nach, ein Symptom der finanziellen Schwäche und Unselbständigkeit der Zentralgewalt. Ihrem Wesen nach deshalb, weil sie den Charakter von Alimenten haben, deren Gewährung die Abhängigkeit des Empfängers von den Gebern nach sich zieht. Wie im gewöhnlichen Leben der Mensch als selbständig erst gilt mit der Begründung und Führung einer eigenen Wirtschaft, die auf eigene Einnahmen und Ausgaben und auf die Befriedigung des Bedarfs durch eigenes Verdienst sich gründet, so ist auch der Staat erst wahrhaft selbständig oder „souverän", wenn er finanziell unabhängig dasteht und aus eigener Kraft sich erhält.

Im Regierungsentwurfe der Verfassung des Norddeutschen Bundes, die der Reichsverfassung als Muster gedient hat, waren Matrikularbeiträge vorgesehen, soweit die Erträge der Zölle und gemeinsamen Steuern und der Post- und Telegraphenverwaltung nicht ausreichen würden. Sie sollten vom Bundespräsidium nach Bedarf ausgeschrieben werden. Heer und Marine waren dem Budgetrecht entzogen. Die Verfassung kam jedoch dahin zustande, daß die Höhe der etwaigen Matrikularbeiträge jährlich im Etat, also gesetzlich festgesetzt werden sollte, „solange Bundessteuern nicht eingeführt sind". Letzterer Zusatz entsprach einem Antrage Miquel. Die Einführung der Matrikularbeiträge in die Verfassung geschah also ausdrücklich nur provisorisch, als Notbehelf. Die prinzipielle Frage des Steuersystems wurde absichtlich offen gelassen und dementsprechend auf einen Antrag Baumstark-Braun das Wort „indirekte" in dem die Kompetenz der Reichsgesetzgebung regelnden Artikel 4 Nr. 2 gestrichen. Miquel wies bei Begründung seines Antrages auf die Ungeeignetheit der Matrikularbeiträge, dauernd als Ersatz selbständiger Einnahmequellen des Reiches zu dienen, nachdrücklich hin. Die Matrikularbeiträge sind also als eine Zuschußpflicht der Einzelstaaten eingeführt worden, die von selbst eintritt, wenn die eigenen Einnahmen des Reichs nicht ausreichen. Sie sind also keine „Einnahmequelle" des Reiches, wenn sie auch aus budgettechnischen Gründen im Etat unter den Einnahmen aufaufgeführt sind, sondern bedeuten das Einspringen der Einzelstaaten in die vorhandene Lücke. Sie haben Ausgabencharakter, denn sie sind Ausgaben der Einzelstaaten, und zwar solche, die ganz überwiegend aus direkten Steuern und Erwerbseinkünften bestritten werden. Die Reichsangehörigen bringen sie in ihrer Eigenschaft als Staatsbürger auf. Schließlich sind die Einnahmen aus den Staatsbahnen, dem modernen Domanium, die den weitaus größten Teil der staatlichen Erwerbseinkünfte ausmachen, auch nur Einnahmen aus Steuern, nämlich aus Steuern auf den Verkehr, die in den Preisen mit erhoben werden. Die Matrikularbeiträge werden also im wesentlichen von der Steuerkraft der Reichsbürger aufgebracht. Es wirkt daher jede Erhöhung dieser Beiträge über das für die Finanzlage der Einzelstaaten erträgliche Maß hinaus wie eine Vermehrung der direkten Steuerlast in den Einzelstaaten, die zugleich einen jeden Fehler und Mangel dieser Besteuerung schärfer wirken läßt, jede Ungleichmäßigkeit progressiv steigert.

Dieser einfache, klare Tatbestand ist aber schon im Anfange verdunkelt worden durch die Auffassung und Behandlung der Matrikularbeiträge als eines „Einnahmenbewilligungsrechts" des Reichstags. In diesem Sinne brachte der Reichstag selbst nämlich ihre budgetmäßige Festsetzung in die Bundes- (Reichs-)verfassung hinein und in diesem Sinne hat er sie auch sonst stets behandelt. Der Grund dafür waren die Erfahrungen aus der Konfliktszeit. In Preußen war nämlich beim Nichtzustandekommen des Budgets die Regierung verfassungsmäßig in der Lage gewesen, die bisherigen Steuern einfach fortzuerheben und davon den Staat leben zu lassen. Dieses Recht schien den parlamentarischen Einfluß lahm zu legen und daher eines Gegengewichtes in Gestalt eines besonderen Rechtes der jährlichen Einnahmenbewilligung für die Volksvertretung bedürftig. Ein derartiges selbständiges Recht würde nun aber der Reichstag von den Regierungen niemals zugestanden erhalten haben. Es wäre auch finanzpolitisch wie finanztechnisch unausführbar gewesen. Bisher sind wenigstens alle Vorschläge auf Beweglichmachung bestimmter Steuern auf unüberwindlichen Widerstand gestoßen. Daher schienen die Matrikularbeiträge die einzige Handhabe für Schaffung eines solchen Rechtes, wenigstens in beschränktem Umfange, zu bieten.

Diese Konstruktion war aber eine bloße Fiktion, denn in Wirklichkeit geben die Matrikularbeiträge gar keinen Raum für die Ausübung eines derartigen Rechtes. Eine Differenz zwischen der Gesamtsumme der ordentlichen Ausgaben und derjenigen der Einnahmen aus Erwerbseinkünften, Steuern und Zöllen muß nach der Verfassung durch Matrikularbeiträge gedeckt werden. Die durch diese Einnahmen nicht gedeckten Ausgaben „sind durch Beiträge der einzelnen Bundesstaaten nach Maßgabe ihrer Bevölkerung aufzubringen" (Art. 70). Die Art der Deckung einer solchen Differenz steht also gar nicht in Frage, ihre Höhe aber ebensowenig, denn sie ergibt sich einfach durch Gegenüberstellung der Ausgaben und Einnahmen. Der Reichstag und die Regierungen haben also einfach eine verfassungsmäßige Pflicht zu erfüllen durch Einstellung der rechnerisch sich ergebenden Matrikularbeiträge. Wollen sie dies nicht, so müssen sie im Gesetzgebungswege neue Steuern einführen oder die Sätze bestehender Steuern erhöhen oder diese sonst ergiebiger machen. Denn außerdem kommen nur noch die Erwerbseinkünfte in Betracht, die aber keiner Bewilligung, sondern ihrer Natur nach nur einer Schätzung unterliegen. Änderungen an den Schätzungen der Regierungen kann der Reichstag im Einverständnis mit diesen wohl vornehmen, wenn er der Meinung ist, diese hätten irrtümlich zu hoch oder zu niedrig geschätzt, aber ein selbständiges verfassungsmäßiges Recht liegt darin nicht und der Erfolg ist sehr zweifelhaft. Jedenfalls lassen sich fehlende Einnahmen auf diesem Wege nicht beschaffen. Der erstere Weg aber, die Einführung neuer oder Erhöhung bestehender Steuern, ist gerade der, den der Reichstag wegen des allgemeinen Wahlrechts und der Gefahr der Unpopularität möglichst vermeidet. Denn nur diejenigen Steuern sind einträglich, die die Masse des Volkes belasten. Das gilt nicht nur von indirekten, sondern auch, wie wir noch sehen werden, von direkten Steuern. Das Selbsterhaltungsinteresse der Parteien zwingt sie zu dieser Stellungnahme.

Da also rechtlich und tatsächlich gar kein anderer Weg zur Deckung eines budgetmäßigen Defizits bleibt als derjenige der Matrikularbeiträge, so ist dieser Zwangsausweg alles andere, nur kein Einnahmenbewilligungsrecht. Jedes Recht muß die Möglichkeit seiner Ausübung haben, sonst ist es kein wirkliches Recht. Wann hat der Reichstag aber je ein Recht ausgeübt und nicht bloß eine Pflicht erfüllt mit der Festsetzung der Matrikularbeiträge und wie könnte er in Zukunft jemals dazu kommen? So erklärte Bismarck am 10. März 1877 im Reichstage gegenüber dem Abg. E. Richter: „Ich kann aus bestem Gewissen erklären, daß ich keinen Überschuß erstrebe, sondern nur die Deckung dessen, was uns fehlt, die Verringerung der Matrikularumlagen, wenn es sein kann, gänzliche Abschaffung derselben; denn ich glaube nicht, daß Sie bloß um der parlamentarischen Machtfrage willen unbequeme Steuern behalten wollen. Die parlamentarische Macht bleibt einer verfassungsmäßigen Regierung gegenüber durch das Ausgabenbewilligungsrecht gesichert, und einer der Verfassung nicht treuen Regierung gegenüber sind ebensowenig Bürgschaften zu finden, wie einem Parlament gegenüber, das in seinen Beschlüssen sich an den Fortbestand des Reiches oder Staates nicht weiter kehren wollte." Ein Recht muß umgekehrt auch so beschaffen sein, daß seine Nichtausübung möglich bleibt, sonst ist es nur eine Pflicht. Wenn der Reichstag aber beim Eintritt seiner Voraussetzung, eines budgetmäßigen Defizits im ordentlichen Etat, es nicht ausübt, also nicht für Deckung sorgt, so bricht er die Verfassung. Ebenso bricht er sie, wenn er die Matrikularbeiträge höher als das Defizit ansetzt, da nach Art. 70 die Einzelstaaten nicht mehr zu leisten haben. Er darf also, von der Erhöhung der steuerlichen Deckung abgesehen, weder einen anderen Weg einschlagen noch die Matrikularbeiträge um einen Pfennig höher oder niedriger ansetzen als das Defizit beträgt. In der Tat, ein wunderliches Recht der Einnahmenbewilligung! Es fehlt ein wirklicher „beweglicher Faktor" im Reichshaushalt; daher das starre System der Matrikularbeiträge, das der Beweglichkeit völlig entbehrt, wenn man nicht etwa in ihrer jährlich wechselnden Höhe die Beweglichkeit finden will, wonach freilich auch alle Steuern und Erwerbseinkünfte „beweglich" sind, denn ihre Erträge sind ebenfalls in jedem Jahre verschieden hoch. So ist denn auch das immer wiederkehrende Verlangen nach einem echten beweglichen Faktor, nach wirklichen konstitutionellen Garantien an Stelle des leeren Scheins der Matrikularbeiträge verständlich. Das Recht der „Bewilligung" der Matrikularbeiträge ist dagegen nichts als eine abgehetzte Phrase.

Man brauchte nun über diese Illusion kein Wort weiter zu verlieren, wenn sie nicht äußerst schädliche Wirkungen gehabt hätte und noch ausübte. Sie ist es, die dem Anschwellen der Ausgaben ohne gleichzeitige Sorge für Deckung durch entsprechende Vermehrung der Einnahmen Vorschub geleistet, die das Anwachsen der Reichsschulden in überhastetem Tempo hauptsächlich bewirkt hat. Die Matrikularbeiträge erschienen im Lichte einer beweglichen Reichssteuer, deren Sätze man nur dem Bedarfe anzupassen brauchte. Man verkannte infolgedessen ihre wahre Eigenschaft als eine Last, die die Einzelstaaten aufzubringen haben, als eine Besteuerung der Einzelstaaten nach der Kopfzahl ihrer Bevölkerung und ohne Rücksicht auf die große Verschiedenheit und Ungleichartigkeit der im Verhältnis der einzelnen Staaten zueinander bestehenden Belastung ihrer Angehörigen durch Landessteuern sowie ohne Rücksicht auf die berechtigten Ansprüche dieser Staaten selbst und ihrer engeren Verbände und der Kirchen- und Schulgemeinden an die Steuerkraft ihrer Angehörigen. Die Matrikularbeiträge wurden die lange Bank ohne Ende, auf die man, soweit irgend möglich, allen Mehrbedarf zu schieben sich gewöhnte. Die Handhabung des Apparates war ja auch von verlockender Einfachheit. Er glich einer Versenkung, durch die man den ungedeckten Teil der Ausgaben verschwinden lassen konnte — nur daß sie aus dem Stockwerk des Reichs in das darunter liegende der Einzelstaaten führte und daher in dessen einzelnen Räumen die nach der Bevölkerungszahl zerteilte Last nunmehr allgeladen wurde, um hier unten den oben sorgfältig geschonten Steuerzahlern nach partikularem Steuermodus aufgepackt zu werden. So umging man, nicht ohne die starke Einwirkung gewisser Produzenten- und Händlerkreise, die ein Privileg auf Verschonung mit Steuern beanspruchen, noch ohne einige doktrinäre Voreingenommenheit gegen gewisse Steuerformen, die sonst unvermeidliche Steuererhöhung. Damit unterblieb vielfach auch die gerechtere, zeitgemäßere Ausgestaltung bestehender Steuern. Man sah vielfach kein Defizit, wo ein solches bestand. Die Matrikularbeiträge wurden zu ordentlichen Einnahmen und so bewilligte man, zumal auf Initiative des Reichstags selbst, fortgesetzt neue Ausgaben, ohne gleichzeitig für wirkliche Deckung zu sorgen. Auch die Aufnahme neuer Schulden wurde dadurch erleichtert, insofern ihre Verzinsung und spätere Tilgung durch die dehnbaren Matrikularbeiträge gesichert erschien. Einen entschiedenen Rückschritt in der Gestaltung des Reichsfinanzwesens bedeuten daher alle Maßnahmen, die den Zweck verfolgten oder doch die Wirkung hatten, statt die Matrikularbeiträge abzuschaffen, sie vielmehr zu einer dauernden, organischen Einrichtung zu machen. Namentlich also die clausula Franckenstein von 1879 und die ersatzlose Streichung des durch den Antrag Miquel in Art. 70 aufgenommenen, die provisorische Natur der Matrikularbeiträge festlegenden Passus. Denn so lange die Matrikularbeiträge be-

3*

stehen, wird auch wohl ihre parlamentarische Auffassung als „beweglicher Faktor" und als normales Deckungsmittel nicht aufhören.

Die Finanzreform von 1879, deren Hauptstück jene clausula ist, war, nach ihren Erfolgen beurteilt, eine völlig mißlungene Aktion. Statt Geld brachte sie dem Reiche in der Hauptsache nur „konstitutionelle Garantien", aber unechte, und außerdem konnte es davon nicht leben. Ein Glück in finanzieller Hinsicht war es, daß der Zolltarif gleichzeitig dem Reiche Mehreinnahmen zuführte. Die clausula Franckenstein wurde dem Antrage Bennigsen vorgezogen, wonach die Höhe der Salzsteuer und des Kaffeezolles jährlich im Etat festgesetzt werden sollte. Mit dessen Annahme würde eine echt konstitutionelle Garantie, nämlich ein selbständiges, wirkliches Recht des Reichstags und zugleich der dringend nötige bewegliche Faktor in Wirklichkeit geschaffen worden sein. Auch war der Vorschlag sozialpolitisch zweckmäßig gestaltet, insofern das Salz als elementarer Lebensbedarf, der Kaffee als allgemein verbreitetes Genußmittel getroffen werden sollten. Die Matrikularbeiträge würden dadurch faktisch überflüssig geworden sein. Aber die veränderte politische Gesamtlage brachte es mit sich, daß statt dessen der Antrag Franckenstein auf Schaffung „föderativer Garantien" Annahme fand. Er hielt, gerade umgekehrt, die Matrikularbeiträge aufrecht — in Widerspruch mit der Verfassung, die sie ausdrücklich für nur provisorisch erklärte — und veränderte außerdem den Charakter des Reichsfinanzsystems völlig, indem er über das finanzielle Interesse des Reichs dasjenige der Einzelstaaten setzte, denen er in Gestalt der „Überweisungen" den Hauptanteil an den Reichseinnahmen zukommen ließ. Von den Erträgen der Zölle und der Tabaksteuer blieb dem Reiche nur der feste, starre Betrag von 130 Millionen Mk., der dem durchschnittlichen bisherigen Ertrage entsprach, also der Steigerung dieser Einnahmen zugunsten des Reiches keinen Spielraum ließ. Die, wie voraus-zusehen, stark wachsenden Überschüsse flossen dagegen den Einzel-staaten zu. Man nahm dabei zwar an, daß durch die neuen Einnahmen die Leistung von Matrikularbeiträgen dauernd un-nötig werden würde. Um aber das mit diesen, der Ein-bildung nach, verbundene „Einnahmenbewilligungsrecht" nicht zu verlieren, ließ man den Löwenanteil an dem natürlichen Wachs-tum der Reichseinnahmen den Einzelstaaten zukommen, so daß der Reichstag sich auch fernerhin immer noch das Vergnügen machen konnte, Matrikularbeiträge als „Einnahmen" zu „be-willigen". Die Folge war, daß das Reich zu wenig zum Leben und zu viel zum Sterben hatte, also die Reichsfinanznot krebs-artig fortwucherte, anderseits aber der finanzielle Erfolg für die Einzelstaaten gar nicht erreicht wurde, diese im Gegenteil gerade durch dieses neue System in die höchste Bedrängnis gerieten. So wurde schließlich jedem Teile geschadet statt genützt. Zu-nächst dauerte es ein paar Jahre (1879—82), bis die Zoll-einnahmen überhaupt so stiegen, um Matrikularbeiträge unnötig zu machen. Dann gab es zwar mit Hilfe der fortgesetzten Zollerhöhungen, der neu eingeführten Verkehrssteuern und der Branntweinverbrauchsabgabe, auf die ebenfalls das System der clausula Franckenstein angewendet wurde, Überschüsse der Über-weisungen über die Matrikularbeiträge, aber in sehr schwanken-den Beträgen, und endlich erhielten die letzteren in zunehmendem Maße wieder das Übergewicht. Damit war der Nichterfolg end-gültig entschieden und besiegelt. Es waren von 1883—92 die Überweisungen um folgende runde Beträge höher als die Matrikularbeiträge: 11,5, 40,9, 13,0, 17,8, 5,3, 70,0, 139,7, 77,8, 66,8, 42,6 Millionen Mk. Dagegen überwogen im Jahre 1893 die Matrikularbeiträge um 30,2, im Jahre 1894 um 2,5 Millionen Mk.

Der clausula Franckenstein lag der tiefe Widerwille gegen

den Reichsgedanken zugrunde. Wenn auch ihre Urheber den vollen Mißerfolg nicht voraus erkannten, so war ihnen doch klar, daß das Reich damit in völlige finanzielle und damit auch politische Abhängigkeit von den Einzelstaaten geraten mußte, daß der ihm zugewiesene Betrag auf die Dauer für sein Wachstum nicht ausreichen konnte. Aber gerade das organische Wachstum des jungen Reiches sollte damit gehindert werden. Künstliche Unterernährung sollte das Reich schwächlich machen, das war der Sinn der „föderativen Garantie". Zugleich sollte damit die von jeher unsympathische Bewilligung von „Steuern auf Vorrat" verhindert werden, die eintreten mußte, wenn man dem Reiche Einnahmequellen nicht nur für den augenblicklichen, sondern für den zweifellos wachsenden Bedarf erschloß. So wurde das Reich auch rechtlich, nicht bloß faktisch, Kostgänger der Einzelstaaten, statt, wie Bismarck gewollt, ihr Wohltäter zu werden. Ein Schlag ins Gesicht dem Reichsinteresse — doch getroffen wurden letzthin die Einzelstaaten, die ihm vorgezogen werden sollten, selbst. Ihr finanzieller Gewinn und damit der Schaden des Reichs stellte sich wie folgt: Der Ertrag der Zölle und der Tabaksteuer stieg von 130 auf 347,5 Millionen im Jahre 1893. Das bedeutete einen Gewinn für die Einzelstaaten von 217,5 Millionen jährlich. Durch Hinzutritt der Einnahmen aus der Branntweinverbrauchsabgabe von 119,5 Millionen und aus der Börsen- und Lotteriesteuer von 21²/₃ Millionen erhöhte er sich auf 358²/₃ Millionen. Hiergegen blieb das Reich mit insgesamt 282¹/₃ Millionen ihm verbliebenen Einnahmen aus seinen Steuerquellen ganz gewaltig zurück. Aber die großen Schwankungen in den Überweisungsüberschüssen machten den Vorteil für die Einzelstaaten schon sehr problematisch. Der Umschlag seit 1893 brachte dann die größte Verwirrung, weil sie die empfangenen Summen in weitem Umfange teils zu Steuerermäßigungen, teils zur Übernahme neuer und Erweiterung bisheriger Kulturaufgaben verwendet hatten und eine Rückgängigmachung ganz ausgeschlossen war. So hatte Preußen auf Grund der clausula Franckenstein 36 Millionen Mk. an direkten Staatssteuern erlassen. Im ganzen hatten die Einzelstaaten, im Vertrauen auf die Dauer der Überweisungsüberschüsse, von 1879—90 mehr als 454 Millionen Mk. an Steuern erlassen. Bei Aufstellung der Etats gab es keine klare Übersicht über die Finanzlage mehr, da man nie sicher wußte, ob und wieviel man vom Reiche erhalten oder ihm werde zahlen müssen. Besonders für die Staaten mit mehrjährigen Etatperioden war dies sehr erschwerend. Dazu mußten die Matrikularbeiträge monatlich pränumerando, die Überweisungen vierteljährlich postnumerando gezahlt werden. Baden empfing z. B. im Jahre 1887 180 000 Mk., im Jahre 1889 5,3 Millionen, dagegen mußte es im Jahre 1893 eine Million zahlen.

Nun folgten die Reformversuche von 1893/4. Nach dem ersteren Projekte sollten die Matrikularbeiträge immer um mindestens 40 Millionen Mk. hinter den Überweisungen zurückbleiben, ein etwaiges Manko gedeckt werden aus einem Fonds („Spartopf" im Reichstag genannt), der aus etwaigen Überschüssen des voraufgegangenen Jahres, sonst durch Zuschläge auf die dem Reiche zustehenden Stempel- und Verbrauchsabgaben gebildet werden sollte. Überschritte er 40 Millionen Mk., so sollte das Mehr zur Schuldentilgung dienen. Das Gesetz sollte auf 55 Jahre gelten. Das zugehörige Steuerbukett enthielt u. a. eine Tabakfabrikatsteuer nach dem Werte. Es ging aber nur eine Erhöhung der Börsen- und der Lotteriesteuer durch. Nach dem zweiten Projekte sollte wenigstens ein beständiger Gleichstand zwischen Matrikularbeiträgen und Überweisungen mittelst einer gleichartigen Tabaksteuer mit niedrigeren Sätzen garantiert werden. Die lex Stengel vom 7. Mai 1904 brachte sodann die Beseitigung des provisorischen Charakters der Matrikularbeiträge und die Fixierung der Überweisungen auf die gesamten Branntweinsteuern außer der Brennsteuer und die bisherigen Verkehrsstempelsteuern. Also eine Reduzierung des Systems der clausula Franckenstein dem Umfange nach. Der ganze Ertrag der Zölle und der Tabaksteuer fiel nun dem Reiche zu. Dadurch fand eine Ermäßigung der Überweisungen um ca. 350 Millionen und dementsprechend auch der Matrikularbeiträge statt, also eine Verkürzung der zwischen Reich und Einzelstaaten hin und her zu schiebenden Beträge und mithin eine Vereinfachung des ganzen umständlichen Verfahrens, dessen Prinzip aber blieb. Mithin blieben auch die Schwankungen der Beträge der Matrikularbeiträge und Überweisungen. Infolge des wachsenden Reichsdefizits wuchsen auch die ungedeckten Matrikularbeiträge. Zwar brachten die Jahre 1895—97 noch einmal geringe Überschüsse der Überweisungen in Höhe von 17,3, 15,1 und 13,2 Millionen. Dann aber überwogen die Matrikularbeiträge in den Jahren 1898 bis 1900 um 20,2, 13,2 und 12,7 Millionen. Im Jahre 1901 glichen sich beide aus. Seitdem überwogen die Matrikularbeiträge um 24,4, 23,7, 23,7, 24, 24,2, 88,6 und 150,2 Millionen.

Bei der Reform von 1906 enthielt die Regierungsvorlage wieder den Vorschlag einer festen Begrenzung der Matrikularbeiträge, der aber abgelehnt wurde. Die dafür eingefügte zulässige Stundung bis zum Juli des drittfolgenden Rechnungsjahres hat nur geringe Bedeutung. Die Regierungen haben bei dieser Reform erklärt, mehr als in Summa 24 Millionen Mk. ungedeckte Matrikularbeiträge keinesfalls tragen zu können. Sie wollen auf jeden Fall geschützt sein gegen Mehrleistungen. Die Einwilligung der Regierungen zur Einführung einer Reichserbschaftssteuer, deren Rohertrag zu 2/3 dem Reich, zu 1/3 den Einzelstaaten zufällt, sollte untrennbar verbunden sein mit der Festlegung jenes Höchstbetrages an ungedeckten Matrikularbeiträgen und gleichsam den Preis für deren Erlangung bilden, da die Einzelstaaten damit den Ausbau ihrer Erbschaftssteuer aus der

Hand gäben und sich mit einer Abfindung, nämlich dem Recht der Erhebung von Zuschlägen und der Besteuerung der Abkömmlinge und Ehegatten begnügten. Gleichwohl ist die Trennung dieser beiden Teile der Vorlage erfolgt, indem zwar die Besteuerung der Erbschaften durch das Reich, nicht aber die Begrenzung der ungedeckten Matrikularbeiträge, von deren Stundung abgesehen, Gesetz wurde. Wie sehr die Absicht der clausula Franckenstein, das Reich in dauernde Abhängigkeit von den Einzelstaaten zu bringen, durch die tatsächliche Entwicklung in ihr Gegenteil verkehrt worden ist, zeigt drastisch der Ausspruch eines Mitgliedes der badischen ersten Kammer, des Freiherrn von Göler, vom 19. Februar 1908: „Es sind jetzt vielleicht 30 Jahre her, daß die Hohe erste Kammer zum ersten Male in einem förmlichen Antrag das Ansinnen an die Großh. Regierung gestellt hat, mit aller Entschiedenheit dahin zu wirken, daß das Reich selbständig in seinen Finanzen gestellt würde. Heute müssen wir dazusetzen: und daß die Einzelstaaten selbständig bleiben in ihrem Verhältnis zum Reiche. So sehr haben sich die Verhältnisse geändert."

Das organische Übel, das das Prinzip der clausula Franckenstein in das Reichsfinanzwesen hineingebracht hat, ist die unheilvolle Verquickung von Reichs- und Landesfinanzen. Gewiß ist ein Zusammenhang beider bei der Natur des Reiches als eines Bundesstaates geradezu geboten. Eine völlige Scheidung beider ist ganz unmöglich, schon weil die Einzelstaaten mindestens in Notfällen, wie namentlich im Kriegsfalle, für außerordentliche Ausgaben des Reiches und für seine Schulden einstehen müssen. Denn das Reich ist ihre Schöpfung und sie sind deren Säulen. Aber ein organischer Zusammenhang ist etwas ganz anderes als die Verknotung beider zu einem Knäuel von Beziehungen gegenseitiger Abhängigkeit, bei der beide Teile den Kürzeren ziehen. Nicht als ob eine Scheidung der Besteuerungsgebiete durchaus nötig wäre. Die Einzelstaaten werden z. B. durchaus nicht auf die ihnen verbliebenen indirekten Steuern verzichten wollen. Bayern könnte schon aus rein finanziellen Gründen gar nicht auf seinen ertragreichen Malzaufschlag verzichten, Sachsen nicht auf seine Schlachtsteuer. Aber das Hinüber und Herüber mit Geben und Herauszahlen bringt Verwirrung in die beiderseitigen Finanz- und Steuersysteme, hemmt den Überblick und lähmt die Initiative in der Finanzgebarung, bedroht deren Solidität. Die Matrikularbeiträge als ständig fungierende Einrichtung sind ihrem Wesen nach ein Übel. Sie ganz zu beseitigen, ist nicht notwendig. Es empfiehlt sich, sie für außerordentliche Fälle, wie die genannten, beizubehalten, einmal weil damit der Bundescharakter des Reiches zu angemessenem Ausdruck gelangt, dann aus praktischen Gründen in Fällen außerordentlicher Natur. Aber diese Beschränkung muß schon in der Verfassung ausgesprochen werden, und zwar so, daß keine Mißdeutung und daher auch kein Mißbrauch möglich ist. Das setzt freilich voraus: Erschließung genügender Einnahmequellen für den gegenwärtigen Bedarf und den der nächsten Zukunft und Einführung eines wirklichen beweglichen Faktors, der die nötige Elastizität in den Etat hineinbringt.

III. Direkte Reichssteuern. Reichseinkommensteuer.

Die Frage ist nun, wie diesen drei großen Übelständen, an denen die Reichsfinanzen leiden, abzuhelfen ist. Was die Schuldenfrage betrifft, so ist der Weg zu einer organischen Tilgung durch das Gesetz vom 3. Juni 1906 gewiesen worden. Die Erschließung neuer Einnahmen muß aber so gestaltet werden, daß die fortlaufende Tilgung aus ordentlichen Mitteln jederzeit gesichert ist, so daß beschämende Vorgänge, wie die Suspension gleich der erstmaligen Tilgung, künftig ausgeschlossen sind. Die Tilgung vermag aber nur dann das Schuldenmaß auf erträglicher Höhe zu halten, wenn der Grundsatz möglichster Sparsamkeit, wie sie die mehrerwähnte Auslassung der Regierung ernstlich verheißt, in der Ausgabengestaltung energisch durchgeführt wird. Sonst gleicht die Tilgung dem Schöpfen des Wassers mit der Schaufel aus dem lecken Boote, in das immer neues Wasser eindringt. Ein Schuldenstand, der den produktiven Kräften des Reiches und der Einzelstaaten entspricht, schließt alsdann keine Gefahr in sich, sondern ist nur der zeitgemäße Ausdruck der Tatsache, daß in unserer Wirtschaftsverfassung ein Großbetrieb — öffentlicher oder privater — ohne Zuhilfenahme des Kredits nicht möglich ist.

Auch die Neuregelung der formellen Seite, die neue Konstruktion der Reichsfinanzmaschinerie, hängt mit der Erschließung ausreichender Einnahmen auf das engste zusammen. Die Notwendigkeit des Wegfalles der Matrikularbeiträge und der Überweisungen sowie der Einführung eines echten beweglichen Faktors auf der Einnahmenseite haben wir kennen gelernt. Diese außerordentliche Vereinfachung und Rationalisierung des finanziellen Apparates setzt aber das Reich als Herrn ausgiebiger Einnahmequellen voraus, die auch für eine absehbare Zukunft nutzbar gemacht werden können, ohne daß jedesmal die mühselige Haupt-, Reichs- und Staatsaktion einer Reichsfinanzreform in die Wege geleitet werden muß. Diese beiden Hauptfragen sollen daher hier im Zusammenhange betrachtet werden.

An der Schwelle der Einnahmenerschließung steht die Frage, ob das Reich die indirekte Besteuerung weiter ausbauen oder direkte Reichssteuern einführen soll. Dabei sind die Begriffe „direkt" oder „indirekt" durchaus nicht geklärt, was die Behandlung der Sache natürlich erschwert. Es hat sich aber der Gebrauch herausgebildet, bei direkten Steuern vorzüglich an eine Reichseinkommen- und Reichsvermögenssteuer zu denken. Sehen wir zu, wie vom Standpunkte des Reiches und der Einzelstaaten aus die Frage direkter Reichssteuern in diesem Sinne zu beantworten ist. Daß die Einführung direkter Reichssteuern rechtlich zulässig sein würde, und zwar ohne daß eine Abänderung der Reichsverfassung nötig wäre, kann nicht in Zweifel gezogen werden. Die Entstehungsgeschichte der letzteren beweist, daß der Gesetzgeber die Möglichkeit der Einführung direkter Reichssteuern absichtlich offen gehalten hat. Die Einfügung der Worte: „Solange Reichssteuern nicht eingeführt sind," brachte dies deutlich zum Ausdruck, da unter „Reichssteuern" hier nur direkte verstanden werden konnten. Denn indirekte Reichssteuern kannte derselbe Artikel der Sache, wenn auch nicht dem Namen nach, bereits in Gestalt der Zölle und „gemeinschaftlichen Verbrauchssteuern". Diese Unterscheidung entspricht dem Sprachgebrauche der damaligen Zeit und spiegelt zugleich ihre Grundauffassung vom Wesen der indirekten und der direkten Steuern wider. Dies geht namentlich daraus hervor, daß hier ausdrücklich von „Reichssteuern" die Rede ist, während die Verfassung sonst gewöhnlich nur im Sinne der Bundesgemeinschaft spricht (z. B. „gemeinschaftliche Gesetzgebung" in Art. 37, „gemeinschaftliche Ausgaben" in Art. 71). Bei der direkten Besteuerung trat der staatliche Charakter der neuen Schöpfung in den Vordergrund, während die Zölle und Verbrauchssteuern als die spezifischen Finanzmittel des Deutschen Zollvereines, also eines Staatenbundes, im historischen Bewußtsein der gesetzgebenden Faktoren fortlebten. Jeder zum Zollvereine gehörige Staat verwaltete und erhob die durch Übereinkunft der Bundesglieder einheitlich geregelten Zölle und Verbrauchssteuern selbständig; die Gesamtheit ihrer Reinerträge wurde aber unter die zum Bunde gehörigen Staaten nach der Kopfzahl ihrer Bevölkerung verteilt. Diese Abgaben hatten also den Charakter von Einkünften, die in eine gemeinsame Kasse und aus dieser wieder an die Bundesglieder zurückflossen. Es hat aber diese Zwiespältigkeit des Steuerbegriffes nicht lediglich eine historische Bedeutung, sondern eine tiefere, organische. Es ist, mit anderen Worten, nicht ohne guten inneren Grund jene Unterscheidung damals gemacht worden. Sie ist vielmehr in der Natur der Sache selbst begründet und daher durchaus zu Recht in die Grundanschauung und demgemäß auch in die Ausdrucksweise der damaligen Zeit übergegangen. Denn sie bringt unbewußt znm Ausdruck, daß dem Wesen sowohl des Staatenbundes als des Bundes- oder Gesamtstaates die indirekte, demjenigen des Einheitsstaates dagegen die direkte, Besteuerung entspricht. Daß der Zollverein selbst keinen Eigenbedarf hatte, sondern die Erträge der Zölle und Verbrauchssteuern unter seine Mitglieder verteilte, während der Bundesstaat eigenen Bedarf hat und mit diesen Mitteln befriedigt, ändert dabei nichts. Denn wegen der Unmöglichkeit, sich als selbständige Verkehrs- und Wirtschaftsgebiete mit eigener Wirtschaftspolitik zu behaupten, schlossen sich die deutschen Staaten zum Zollvereine zusammen, der nur der Vorläufer der bundesstaatlichen Einigung war.

Die Gemeinsamkeit des Zollwesens und der inneren Verbrauchsbesteuerung in jenem weiterem, über den Verkehr mit Gegenständen des Gebrauchs und Verbrauchs hinausgehenden, insbesondere die Beförderung von Gütern, Personen und Nachrichten umfassenden Sinne ist für jeden Gesamtstaat eine unabweisbare Notwendigkeit. Sie ist die Folge der bundesstaatlichen Vereinigung, die ja hauptsächlich aus dem Grunde erfolgt, weil der einzelne Staat, wie zu seiner politischen Selbstbehauptung, so auch zu seiner Behauptung als selbständiges Wirtschaftsgebiet zu klein oder zu schwach bevölkert oder zur Entwicklung seiner produktiven Kräfte nicht stark genug oder von den großen Verkehrswegen zu abgelegen oder in sonstigen Hinsichten als isolierter Staat zu wenig fähig ist. Daher denn die Landesverteidigung und der wirtschaftliche Verkehr die beiden natürlichen Hauptaufgaben des Gesamtstaates sind. Erst mit der Zeit erweitert sich dieser Kreis. So wird sogar die Gemeinsamkeit des Bürgerlichen Rechts erst später als Aufgabe des Gesamtstaates erkannt und auch dann zunächst erst auf dem Gebiete des Handels- und Wechselrechts, den dringendsten wirtschaftlichen Bedürfnissen entsprechend, in Angriff genommen. Die Entwicklung in Deutschland und in der Schweiz kennzeichnet diesen Weg. Der deutsche Zollverein geht dem norddeutschen Bunde und dem Reiche, das Handels- und Wechselrecht dem Bürgerlichen Gesetzbuch, das Reichsoberhandelsgericht dem Reichsgericht voraus. Der gesamtstaatliche, Deckung heischende Bedarf ist daher in der Hauptsache verursacht durch die Landesverteidigung (Heer, Flotte) und die mit der Vereinheitlichung des wirtschaftlichen Verkehrs gegebenen Aufgaben (Post, Telegraph,

Münzwesen usw. Ihrer Natur nach gehören auch Zentralnotenbank und Eisenbahnen hierher, doch führt die geschichtliche Entwicklung hier oft nur langsam und nur unvollkommen durch viele Widerstände und Reibungen aus den privatwirtschaftlichen Formen zu gemeinschaftlicher, der Bundesgewalt zufallender Organisation hin). Anderseits dienen zur Deckung des gesamtstaatlichen Finanzbedarfs ganz naturgemäß diejenigen Einnahmen, die aus der Natur der gesamtstaatlichen Tätigkeit sich ergeben: die Überschüsse aus den vom Gesamtstaat organisierten und betriebenen Verkehrsanstalten, aus dem Bankwesen, vor allem aber aus den Zöllen und Verbrauchssteuern, weil diese Beträge gerade im Bereiche desjenigen Aufgabenkreises erwachsen sind, der dem Gesamtstaat seiner Grundidee und seinem ganzen Zwecke nach bei seiner Begründung gezogen wurde. Es sind die Früchte seines Arbeitsfeldes, die er erntet.

So ist es also nicht zufällig oder willkürlich, sondern durchaus natürlich, daß Gesamtstaaten immer und überall die Deckung ihres Bedarfes in Einnahmen dieser Arten, im großen und ganzen also in Erwerbseinkünften (aus Organisationen des Gesamtstaats zur Befriedigung des nationalen Verkehrsinteresses) und in Zöllen und Verbrauchs- und Verkehrssteuern suchen und finden. So in den Vereinigten Staaten von Nordamerika, von Mexiko, Brasilien, Argentinien und Venezuela sowie in der Schweiz. Weder Matrikularbeiträge noch direkte Steuern werden in diesen Ländern vom Bunde erhoben. Ein Versuch der Bundesgewalt in den Vereinigten Staaten von Nordamerika, direkte Bundessteuern zu erheben, ist vom obersten Gerichtshof für verfassungswidrig erklärt worden. In der Schweiz läßt der Bund die Kantone am Ertrage verschiedener indirekter Bundessteuern teilnehmen und kennt, ebenso wie Argentinien, die Einrichtung der Matrikularbeiträge nur auf dem Papiere, also gleichsam nur für den Notfall. Er gibt den Kantonen den ganzen Ertrag des Branntweinmonopols und den halben der Militärersatzsteuer, abgesehen von bedeutenden Dotierungen derselben für Schul- und Verkehrszwecke. Die direkten Steuern sind überall den Einzelstaaten verblieben, ganz nach der natürlichen Entwicklung der Dinge, da die ertragreichen, „zu Buche schlagenden" indirekten Steuern natürlich diejenigen sind, die den großen nationalen Verkehr innerhalb des Bundesgebietes und an seinen Grenzen belasten, also die dem Gesamtstaat zufallenden. Die Einzelstaaten sind daher, gleichsam als Folge einer verfassungs- und finanzpolitischen Arbeitsteilung, in der Hauptsache angewiesen auf das Gebiet der direkten Steuern, soweit ihre eigenen Erwerbseinkünfte nicht ausreichen. Nebenher gehen die ihnen etwa zufolge besonderer Umstände noch verbliebenen indirekten Steuern niederen Ranges.

Dabei sind die genannten Gesamtstaaten, von Venezuela abgesehen, durchaus demokratisch organisierte und verwaltete Republiken. Doktrinärpolitische Verquickung der Begriffe „Demokratie" oder „Freiheit" mit dem Prinzipe direkter Besteuerung ist dort nicht zu finden. Bei uns aber spuken noch am hellen Tage doktrinäre Traditionen aus der Zeit der großen französischen Revolution. Mit der Erstürmung und Demolierung der verhaßten Oktroihäuser an den Stadttoren von Paris kam diese, noch vor der Zerstörung der Bastille, zum Ausbruch. Die indirekte Besteuerung, nach der Art und dem Umfange, die sie angenommen hatte, und nach den mit ihr eng verbundenen Mißbräuchen war der besondere Gegenstand des leidenschaftlichen Volkshasses und ihre Organisation wurde das erste Opfer seiner Entfesselung. Es währte nicht lange, bis die republikanische Regierung und Volksvertretung selbst sie wieder einführen mußte, um den Staatsbedarf befriedigen zu können. Allein seit dieser Zeit verband sich mit ihr die Vorstellung der Unfreiheit und der Klassenherrschaft und die deutsche freiheitliche Bewegung in der ersten Hälfte des 19. Jahrhunderts entnahm mit vielem sonstigem Gedankeninhalt auch diese Vorstellung der Rüstkammer des französischen Geistes. In Frankreich selbst ist diese Anschauung längst zum alten Eisen geworfen worden. Die demokratische Republik zieht die Schraube der Zölle, Verbrauchs- und Verkehrssteuern, je länger und fester sie im Sattel sitzt, fortgesetzt um so schärfer an. Frankreich besteuert den Konsum seiner Bevölkerung mit 25,90 Mk. pro Kopf, Großbritannien, das der Abg. Bebel in konstitutioneller Hinsicht ihm vorzieht, mit 30,60 Mk., das Deutsche Reich dagegen mit 17,75 Mk. Auch das freie Amerika, in dem nur „Demokraten" und „Republikaner" sich um die Herrschaft streiten, erhebt ebenfalls erheblich mehr als Deutschland, das sonach nahezu 500 Millionen Mk. mehr an indirekten Steuern aufbringen müßte, um Frankreich zu erreichen. Aber noch immer gilt bei uns, offen oder heimlich, die direkte Steuer als der finanzpolitische Ausdruck volkstümlicher, freiheitlicher Anschauung, die indirekte als derjenige des feudalistisch-aristokratischen Herrschaftsprinzips. Das Volk selbst, als Ganzes, ist in dieser Hinsicht weit weniger befangen. Es hat sich bei den Wahlen mit großer Mehrheit seit fast 30 Jahren immer wieder für ein System der Schutz- und Finanzzölle, also der indirekten Besteuerung, ausgesprochen und selbst wissenschaftliche Sozialisten wie Schippel u. a. wagen es bereits, sich in ähnlichem Sinne zu äußern. Als sehr gefährlich hat sich für manche Politiker und Parteien das Festhalten an der Identifizierung von freiheitlicher Anschauung und Freihandel, trotz des schönen Gleichklangs der Bezeichnungen, erwiesen. Durch schmerzliche Erfahrungen endlich gewitzigt, hat man in weiteren Kreisen diese Prinzipienverkoppelung schließlich aufgegeben und die Zahl und der Einfluß der unentwegt daran Festhaltenden nimmt zusehends ab. Allein in der Reichsfinanzfrage soll das alte Erbstück aus dem

18. Jahrhundert in zeitgemäßer Form anscheinend wieder eine Rolle spielen. Denn die Begeisterung für direkte Reichssteuern entspringt, genauer betrachtet, bei vielen doch immer wieder der Vorstellung von der Volksfeindlichkeit der indirekten Steuer. Daß in deren Wesen die Gefahr einer unverhältnismäßig starken Belastung der breiten Schichten liegt und einen Ausgleich verlangt, wird weiterhin noch gebührend gewürdigt werden. Hier aber sei festgestellt, daß der Gegensatz von direkten und indirekten Steuern gar nichts gemein hat mit freiheitlicher oder reaktionärer Gesinnung, sondern lediglich aus den finanzwissenschaftlichen Prinzipien der Besteuerung entspringt.

In Deutschland sind es teils politische, teils historische Gründe, die gewisse Reservatgebiete indirekter Besteuerung den Einzelstaaten erhalten haben: so die süddeutsche Bierbesteuerung, die für die bayrischen Finanzen allerdings noch erhebliche Bedeutung hat. Während die direkten Steuern in Bayern insgesamt 47 Millionen Mk. erbringen, zog der bayrische Staat aus der Bierbesteuerung (dem „Malzaufschlag") im Jahre 1902/3 43,7 Millionen Mk. Anderseits die Schlachtsteuer in Sachsen und Baden (die in Baden allerdings abgeschafft werden soll) und die Weinsteuer in Württemberg und Baden. Jene natürliche Scheidung der Steuergebiete im Gesamtstaate ist aber zugleich auch ein Akt finanzpolitischer Zweckmäßigkeit. Denn eine gleichzeitige Besteuerung eines und desselben Objektes durch den Gesamtstaat und die Einzelstaaten ist steuertechnisch und steuerpolitisch nur durchführbar, wenn entweder eine reale Teilung eintritt, so daß der Gesamtstaat, wie bei der deutschen Bierbesteuerung das Reich, sein Steuergebiet einschränkt und selbständige Steuergebiete einzelner Glieder daneben bestehen läßt, was verfassungspolitisch natürlich immer eine Anomalie ist, oder aber einer von beiden Teilen, der Gesamtstaat oder die Einzelstaaten, die Besteuerung selbständig ausübt und daneben dem anderen Teile die unselbständige Beteiligung in Gestalt der Erhebung von Steuerzuschlägen oder gar der bloßen Empfangnahme einer Anteilquote des Steuerertrages gestattet. Letzterenfalls würde ein gleichartiges Verhältnis entstehen wie zwischen Staat und Kommunalverbänden in Ansehung der Einkommensteuer. Der letztere Weg führt, auf die Haupteinnahmequellen angewendet, begreiflicherweise zur Degradierung des unselbständig beteiligten Partners. Der andere Teil wird im Verhältnis beider zueinander das Haupt der Gemeinschaft.

Was von der einzelnen Steuerquelle gilt, würde natürlich erst recht gelten, wenn eines der großen Hauptgebiete der Besteuerung, die direkte oder die indirekte oder die von letzterer gewöhnlich unterschiedene Verkehrsbesteuerung (im eigentlichen Sinne), entweder dem Reiche oder den Einzelstaaten ausgeantwortet würde gegen die Verpflichtung, dem anderen Teile eine gewisse Anschlußbeteiligung zu gestatten. Die selbständige steuerliche Erschließung des betreffenden Gebietes, damit aber zugleich die eigentliche Herrschaft über dasselbe, würde dem bevorzugten Teile damit zufallen. Dementsprechend wird auch allgemein anerkannt, daß die Einzelstaaten mit der rein faktischen Überlassung des Hauptteils der indirekten Besteuerung an das Reich einen erheblichen Teil ihres Finanzhoheitsrechtes — ihres „finanziellen Selbstbestimmungsrechtes", wie sich der frühere bayrische Finanzminister von Riedel ausdrückte — auf das Reich haben übergehen lassen. Die direkten Steuern machten nämlich im Jahre 1906/7 73,19 %, die Aufwandsteuern 11,87, die Verkehrssteuern einschließlich der Erbschaftssteuer 14,94 % des gesamten Steuerertrages der Einzelstaaten aus. Das gleiche würde natürlich der Fall sein, wenn die Einzelstaaten dem Reiche die direkte Besteuerung, gleichviel in welchen Rechtsformen, überließen und sich mit Zuschlägen, Quoten oder dergleichen Akzidenzien begnügten. Das Aufgeben auch der direkten Besteuerung würde zugleich bewirken, daß den Einzelstaaten überhaupt kein eigenes Steuergebiet mehr zur Verfügung stünde. Denn auf dem Gebiete der eigentlichen Verkehrsbesteuerung ist ihnen als ergiebige Steuerquelle nur noch die Immobiliarumsatzsteuer verblieben. Die verfassungspolitische Konsequenz würde also die Aufhebung des finanziellen Hoheitsrechts der Einzelstaaten überhaupt bis auf wenige Reste sein, also ein starker, vielleicht der stärkste Schritt zur Umwandlung des Reichs in einen Einheitsstaat.

Um die Tragweite eines solchen Schrittes voll zu würdigen, sei daran erinnert, daß die Überführung des alten Polizeistaates in den modernen Verfassungsstaat hauptsächlich durch die Umwandlung seines Finanzwesens erfolgte. Der erfolgreiche Kampf um die Anteilnahme einer aus allgemeinen Wahlen hervorgehenden Volksvertretung an der Feststellung des Staatshaushalts, an dem Erlaß der Steuer- und sonstigen Finanzgesetze und an der Kontrolle der Staatseinnahmenverwendung schuf den konstitutionellen Staat. Das Budgetrecht des Parlaments ist das Rückgrat der Verfassung. Mit der Erringung des Steuerbewilligungsrechtes war das Prinzip des Verfassungsstaates im 19. Jahrhundert zum Siege geführt. Die periodische Feststellung des Staatshaushalts im Gesetzgebungswege ist der Mittelpunkt und der Hauptnerv des konstitutionellen Lebens, das in der Ausgestaltung und der fortgesetzten Anpassung des Etats an die fortschreitenden Bedürfnisse der staatlichen Gemeinwirtschaft sich immer aufs neue betätigt. In dem Maße, in dem das Gebiet des steuerlichen Selbstbestimmungsrechtes der Einzelstaaten vom Reiche absorbiert wird, schmilzt daher auch das verfassungsmäßige Mitwirkungsrecht der Landtage an der staatlichen Wirtschaftsführung der Sache nach zusammen. Es wird zur Schale ohne festen Kern. Der Einfluß, den die Volksvertreter in den Landtagen auf die Regierungen zu üben vermögen, erlahmt, wenn das Medium seiner Geltendmachung, das Etat- und Steuersystem, zu einem Mechanismus erstarrt, der sich auf die Formel der Findung einer angemessenen staatlichen Zuschlagsquote zu direkten Reichssteuern beschränkt. Es ist daher begreiflich, daß in den Landtagen, wie z. B. im badischen, hessischen, sächsischen, bayrischen, die Fraktionen solcher Parteien, die sich im Reichstage zugunsten direkter Reichssteuern ausgesprochen haben, gerade umgekehrt mit Entschiedenheit sich gegen solche erklärten. Diese Notwendigkeit ist von ihrem Standpunkte als Volksvertreter des Einzelstaates so zwingend, daß sie pflichtmäßig gar nicht anders handeln konnten. Das Interesse der Gesamtheit der Einzelstaaten kann aber niemals und auf keinem Gebiete dem Reichsinteresse entgegen sein; denn diese sind der Reichsverfassung nach die Träger des Reiches und des Reichsgedankens und das deutsche Volk ist als Gesamtheit seiner einzelnen Volksstämme kein anderes wie als Reichsbevölkerung. Das scheinbar Widersinnige, daß dieselben Parteien in derselben Frage durch ihre Reichstagsvertreter entgegengesetzte Stellung nehmen wie durch ihre Landtagsvertreter, wird nur auf diese Weise verständlich. Noch interessanter wird dieser Widerspruch, wenn man die Haltung der Doppelmandatare ins Auge faßt, die es doch wohl kaum fertig bringen werden, im Reichstage für, in ihrem Landtage aber gegen direkte Reichssteuern aufzutreten.

Die auf Initiative des Reichstages erfolgte Streichung der Worte: „solange Reichssteuern nicht eingeführt sind" in Art. 70 der Reichsverfassung durch die lex Stengel hat zweifellos nicht die Bedeutung und Wirkung der Eliminierung direkter Reichssteuern als einer verfassungsmäßig zulässigen Kategorie der Reichsbedarfsdeckung gehabt. Gefallen ist damit nur die ganz unbestimmte Inaussichtnahme direkter Reichssteuern für diesen Zweck, während an ihrer formalrechtlichen Zulässigkeit nicht gerührt worden ist. Dies hätte durch ausdrücklichen Ausschluß geschehen müssen, da ein bestimmtes Steuersystem in die Reichsverfassung nicht aufgenommen ist. Nicht glücklich beruft man sich daher auf diese Streichung, um die rechtliche Unzulässigkeit direkter Reichssteuern darzutun. Eine ganz andere Frage ist aber die, ob die Einführung solcher Steuern dem Geiste der Verfassung als Bundesverfassung entsprechen würde. Zweifellos kann, rein rechtlich betrachtet, die Reichsgesetzgebung mit Hilfe und auf Grund des Art. 78 der Verfassung („Veränderungen der Verfassung erfolgen im Wege der Gesetzgebung") die Zuständigkeit des Reiches immer mehr erweitern. Freilich dürfen sie im Bundesrate nicht mehr als 13 Stimmen gegen sich haben. Aber auch dieses Hindernis tritt oft gar nicht in den Weg, weil da, wo die Reichsverfassung etwas in suspenso gelassen hat oder wo neue Aufgaben an die Gesetzgebung herantreten, die man zur Zeit der Entstehung der Verfassung noch gar nicht kannte, die Kompetenz des Reiches ohne weiteres ausgedehnt werden kann. Letzteres ist namentlich bei der Sozial- und Kolonialgesetzgebung der Fall, ersteres aber bei der Frage der Deckung des Reichsbedarfes, da, wie erwähnt, ein eigentliches System dieser Deckung in der Reichsverfassung nicht aufgestellt ist. Denn bei ihrem Zustandekommen handelte es sich darum, die im Sturme errungene nationale Einheit nur erst glücklich unter ein schützendes Dach zu bringen. Der weitere Ausbau des Gebäudes mußte der Arbeit künftiger Generationen überlassen bleiben. Dieser provisorische Charakter zahlreicher wichtiger Verfassungsbestimmungen, besonders auf dem Gebiete des Finanzwesens, hat nun zur — damals sicherlich ungeahnten — Folge, daß die definitive Ordnung der Deckung des Reichsbedarfes rein formalerweise auch auf solchen Wegen erfolgen kann, die zugleich zu einer Erweiterung der Reichskompetenz auf Kosten wichtiger Rechte der Einzelstaaten führen. Formalrechtlich kann dabei die den Einzelstaaten verfassungsmäßig verbliebene Souveränität gewahrt, inhaltlich aber entleert werden. Damit würde denn freilich, wie namentlich Laband („Direkte Reichsteuern", 1908) überzeugend ausgeführt hat, gegen die Grundgedanken der Reichsverfassung als einer „Bundesverfassung" verstoßen werden.

Dieser Konflikt kann aber seine richtige Lösung nur in der Weise finden, daß der Rücksichtnahme auf die klaren Grundprinzipien der Verfassung der Vorzug gegeben wird vor der skrupellosen Befriedigung dringenden Reichsfinanzbedarfes auf Kosten der Existenzgrundlage der Einzelstaaten, die doch letzthin auch diejenige des Reiches ist. Denn im Notfalle sind es doch immer wieder die Einzelstaaten, die helfend einspringen müssen, wenn das Reich in Schwierigkeiten und wenn namentlich die Reichsfinanzmaschinerie ins Stocken gerät. Seine Helfer in der Not hilfsunfähig zu machen, wäre keine kluge Finanzpolitik. Die Reichsfinanzreform darf keinen destruktiven Charakter haben. Sie soll aufbauen, nicht einreißen. Darum heißt es hier: principiis obsta! Hat das Reich erst einmal einen Anfang mit der Okkupation des Gebietes der direkten Besteuerung gemacht, so ist es bei der Entwicklung des Aufgabengebietes und dem dadurch bedingten Wachstume der Ausgaben des Reiches ganz unzweifelhaft, daß diese Entwicklung dahin drängen wird, das ganze Gebiet zu erfassen: Einkommen und Vermögen. Die Einzelstaaten würden auf den Rand des direkten Steuergebietes gedrängt werden und müßten auf der schmalen, kärglichen Weide des für Zuschläge jeweilig noch übrigen Steuerterrains ihre Nahrung suchen. Diese Einkesselung würde aber den Verzicht auf die Kulturpolitik bedeuten, deren Träger die Einzelstaaten jetzt sind. Während das Reich, wie erwähnt, hauptsächlich für die Behauptung der äußeren Macht und für Durchführung der Wirtschafts- und Sozialpolitik die Sorge trägt, liegt den Einzelstaaten die Förderung der unendlich vielseitigen und außerordentlich wichtigen Kulturzwecke ob, so des gesamten Unterrichtswesens, der Landwirtschaftskultur, des Gewerbe- und Handelswesens, auch des vom Reiche nicht übernommenen größten Teiles des Verkehrswesens. Man denke nur an Aufgaben wie den Kanalbau und an die Nutzbarmachung der Wasserkräfte für die Verkehrs- und industriellen Zwecke, besonders für die Umwandlung des Dampfbetriebes der Eisenbahnen in elektrischen. Große Probleme, die an Wichtigkeit den Aufgaben des Reiches durchaus nicht nachstehen, harren hier der Lösung, von deren Ergebnis auch wiederum die glückliche Erfüllung der Aufgaben des Reiches auf das engste abhängt. Wie muß beispielsweise die Ausdehnung des Wasserstraßennetzes, die zwischen dem industriereichen Westen und dem landwirtschaftlichen Osten die noch erforderlichen Verkehrsbrücken schlägt, wie muß die Erhöhung der Leistungsfähigkeit des elektrisierten Eisenbahnbetriebes auf den Güterumsatz und -verbrauch und damit auf die Entwicklung der Verbrauchs- und Verkehrsbesteuerung einwirken! Das Reich schneidet sich aber selbst diese Entwicklungsmöglichkeiten ab, wenn es die Einzelstaaten der Möglichkeit finanzieller Mobilmachung zur Inangriffnahme und Durchführung der großen Aufgaben, die ihnen hier winken, in kurzsichtigem Egoismus beraubt.

Wie sollen ferner die Beamten aller Grade und Klassen in den Einzelstaaten auf eine der wachsenden Verteuerung der Lebenshaltung entsprechende Fortführung der Gehaltserhöhungen rechnen können, wenn das Reich die Steuerquellen monopolisiert und den Einzelstaaten den Abhub überläßt? Was den Reichsbeamten recht, das ist doch den Landesbeamten wahrlich billig. Eine vernünftige Politik, die auf das Ganze gerichtet ist und die Zusammenhänge im Auge behält, kann die Quellen für die dringend notwendige Erhöhung der Gehälter der Reichsbeamten nicht auf dem Wege ergiebig machen, daß sie die Quellen für die ebenso notwendige Erhöhung der Gehälter der viel zahlreicheren Landesbeamten verstopft oder verengt. Auch vom Standpunkte der einzelnen Partei aus wäre solche Politik so unklug als möglich, denn die Volksvertreter und Regierungen der Einzelstaaten würden bald mit leeren Händen und Taschen vor den Landesbeamten stehen und das Odium der Stockung in der Anpassung der Gehälter an die Zeiterfordernisse würde auf die Parteien fallen, welche die Schlüssel zu den Landesgeldschränken dem Reiche bedingungslos ausgehändigt haben. Die sächsische Regierung erklärte, daß bei Aufbringung der Matrikularbeiträge durch Zuschläge zu den direkten Staatssteuern schon nach dem jetzigen Stande der ersteren die geplante Gehältererhöhung völlig unterbleiben, außerdem aber auch noch ein Zuschlag von 20 % zur Einkommensteuer erhoben werden müsse. Die Landtagsfraktionen, welche mit der Verwahrung gegen solche Reichsfinanzpolitik sich beeilt haben, sind sich derartiger Perspektiven bewußt, und es wäre sehr zu wünschen, daß innerhalb der politischen Parteien die Reichstagsabgeordneten mit den Abgeordneten der verschiedenen Landtage eine möglichst intime Fühlung über die Reichsfinanzfrage nähmen. Sie würden im Sinne Bismarcks handeln, der in seiner Jenaer Rede die Kontrolle der Reichspolitik durch die gesetzgebenden Faktoren der Einzelstaaten in diesem, auf die nationale Einheit und den Zusammenhang des Reichsinteresses mit den Interessen der einzelnen Länder gerichteten Sinne dem deutschen Volke ans Herz gelegt hat.

Um an dem Beispiele *eines* Staates zu zeigen, wie sehr *alle* Einzelstaaten auf die Besteuerung des Einkommens für die Gegenwart und Zukunft angewiesen sind, sei auf die badischen Verhältnisse hingewiesen. Gerade auf sie deshalb, weil die finanzielle Lage dort seit einigen Jahren eine relativ gute genannt werden kann. Die Rechnung für 1906 ergab eine Gesamteinnahme von 88 statt der im Etat veranschlagten 80,7 Millionen Mk., während die ordentlichen Ausgaben nur ein Mehr von 1,1 Millionen ergaben, so daß unter Berücksichtigung eines Fehlbetrages von 350 000 Mk. im voranschlagsmäßigen Ordinarium ein reiner Überschuß von 5,9 Millionen blieb, aus dem nicht nur die Nettoausgaben des außerordentlichen Etats bestritten werden, sondern auch noch 900 000 Mk. dem Betriebsfonds zugeführt werden konnten. Der bisher übliche Zuschuß aus allgemeinen Staatsmitteln zur Eisenbahnschulden-Tilgungskasse, der in Höhe von 2 Millionen jährlich behufs Verzinsung und Amortisierung der Eisenbahnanleiheschuld geleistet wurde, ist seit 1904 nicht mehr erforderlich gewesen. Seit demselben Jahre sind außer den ordentlichen auch alle außerordentlichen Ausgaben ausschließlich aus den Einnahmen bestritten und daneben noch Überschüsse im Betriebsfonds und in der Amortisationskasse angesammelt worden. Trotzdem bewirkte im Jahre 1908 hauptsächlich die nötige Erhöhung des Gehaltstarifes der Beamten eine solche Steigerung der Ausgaben, daß nicht nur die für dieses Jahr beabsichtigte Aufhebung der Fleischsteuer unterbleiben, sondern auch eine Erhöhung der Einkommen- und der Vermögenssteuer stattfinden mußte, über deren Abgrenzung es nahezu zu einem Konflikt zwischen der zweiten Kammer und der Regierung gekommen wäre.

Es bedarf nicht erst noch ausführlichen Hinweises darauf, daß die Einzelstaaten auch durch die Gesetzgebung des Reiches selbst zur Erfüllung zahlreicher kostspieliger Aufgaben verpflichtet sind, deren Kostenbestreitung daher Laband mit Recht als „Pflichtausgaben“ bezeichnet. Das Reich darf selbstverständlich den Staaten nicht die finanzielle Möglichkeit rauben, diese ihnen übertragenen Kompetenzen in befriedigender Weise wahrzunehmen. Auch hier ist unbedingt der Wahrung des Grundprinzipes der Reichsverfassung und der sie ergänzenden Reichsgesetze, wonach dem Reiche und den Einzelstaaten selbständige Aufgaben zu eigener Lösung in der stillschweigenden Voraussetzung entsprechender Verteilung der finanziellen Mittel dazu übertragen sind, der Vorzug zu geben vor dem verlockenden Auswege, die Reichsfinanzreform mittels eines salto mortale durch die formalrechtliche Lücke fehlender organischer Abgrenzung der beiderseitigen Steuergebiete zu lösen. Jedes Gesetz ist nach dem Geiste, in dem es ergangen ist, nicht nach dem bloßen Wortlaute auszulegen, erst recht das Grundgesetz, die Reichsverfassung. Ein Notzaun, der um einen neu angelegten Garten ausgeführt ist, bedeutet keine Erlaubnis, in diesen einbrechen und sich seine Früchte aneignen zu dürfen. Eine ähnliche Logik würde aber dazu führen, den noch immer unfertigen Zustand des Reichsfinanzwesens, den Mangel einer klaren Scheidung der steuerlichen Zuständigkeit sich zunutze zu machen zu einem Einbruche in das Gebiet der direkten Besteuerung, von dessen Ertrage die Einzelstaaten schlecht und recht gerade eben die Kosten ihres eigenen Daseins und außerdem alljährlich die sonst nicht aufzubringenden Existenzmittel des Reiches bestreiten.

Mit der Streichung des Passus von der provisorischen Natur der Matrikularbeiträge ist aber die Frage organischer Abgrenzung der Reichs- und Landesfinanzen natürlich nicht gelöst, sondern gleichsam noch offener geworden. Um im vorigen Bilde zu bleiben: die Niederlegung des Notzauns machte den Garten nun erst ganz frei und fordert daher erst recht zur Errichtung einer schützenden Mauer auf. Die Einbruchsmöglichkeit ist gesteigert worden durch diese Niederlegung. Die Entfernung der unbestimmten Inaussichtnahme direkter Reichssteuern aus der Verfassung hat dabei den Einzelstaaten nicht das Mindeste genützt. Wenn deren Regierungen, wie es scheint, ihr in der Annahme zugestimmt haben, daß d a m i t die Möglichkeit der Einführung direkter Reichssteuern in weitere Ferne gerückt oder gar ausgeschaltet würde, so stimmt diese Rechnung nicht. Die formalrechtliche Möglichkeit bestand, so lange jener Passus in der Verfassung stand, und sie besteht jetzt, nachdem er gestrichen worden, gerade so wie vorher. Hat sein Bestehen nicht dazu geführt, direkte Reichssteuern wirklich einzuführen, so schreckt seine Streichung den Reichstag, soweit es auf ihn ankommt, zweifellos nicht von dieser Einführung ab, wenn es nicht andere, stärkere Gründe tun. Erreicht worden ist also, vom Standpunkte der Einzelstaaten betrachtet, nichts mit dieser Streichung, es sei denn etwa das Gefühl der Befriedigung darüber, daß man den Teufel nicht mehr an die Wand gemalt sieht. Dagegen haben die Regierungen zweifellos schlecht abgeschnitten mit ihrer Zustimmung zu jener Streichung. Denn damit sind die Matrikularbeiträge, der Stein des Anstoßes für eine gründliche Sanierung der Reichsfinanzen und für die Lösung ihrer Verquickung mit den Landesfinanzen, gleichzeitig in Permanenz erklärt worden. Sie sind zu einer dauernden Einrichtung des Reichsfinanzwesens geworden, während sie vorher nur, nach Bismarcks Worten, ein „roher, plumper Notbehelf" waren. Jener Stein des Anstoßes ist zum Eck- und Grundstein der Reichsfinanzen gemacht. Die Einzelstaaten haben dabei nichts gewonnen, sondern eher Schaden erlitten. Denn im Reichstag beruft man sich fortan, wenn den Matrikularbeiträgen zu Leibe gegangen werden soll, auf jene Streichung, durch welche die Matrikularbeiträge gleichsam verankert worden sind in der Konstruktion des im übrigen noch immer unfertigen Reichsfinanzgebäudes.

Nun wird behauptet, das Reich habe ja schon einen Anfang mit direkten Reichssteuern gemacht, so daß die Prinzipienfrage bereits zu seinen Gunsten entschieden sei, nämlich in Gestalt der Tantiemen- und der Erbschaftssteuer. Die erstere beschränkt sich aber auf einen sehr kleinen Kreis von Pflichtigen. Das Reichsgericht nimmt an, daß sie keine direkte Steuer sei, und die Regierungen haben sie nur mit gleicher Verwahrung auf den Vorschlag des Reichstages akzeptiert. Ihre Bedeutung ist jedenfalls gering, übrigens hat sie aber die Wirkung einer indirekten Steuer, weil die glatte Überwälzung auf die Aktionäre bei ihr die Regel bildet. Die Gesellschaften erhöhen nämlich einfach auf Kosten der Dividende die Bezüge ihrer Aufsichtsratsmitglieder um den Steuerbetrag. Die Erbschaftssteuer zeichnet sich allerdings durch absolute Unüberwälzbarkeit aus. Aber sie ist darum noch keine schlechthin direkte Steuer wie die Einkommens- und die Vermögenssteuer. Sie hat vielmehr einen besonderen, anormalen Charakter, verglichen mit den finanzwissenschaftlichen Begriffsformulierungen von direkter und indirekter Steuer, denen sie sich nicht gutwillig einfügen läßt. Sie kann nicht in festen Wirtschaftsperioden regelmäßig erhoben werden, denn ihre Voraussetzung tritt ganz unregelmäßig ein. Zwar erfaßt sie das Vermögen als solches und nimmt einen Teil davon für die Steuergewalt in Anspruch, ist also eine reelle Vermögenssteuer und nicht bloß eine nominelle, wie die sogenannte Ergänzungssteuer, die das Vermögen nur als Maßstab für die Bemessung der steuerlichen Leistungsfähigkeit des Einkommens benutzt. Steuerquelle ist hier das Vermögen selbst, nicht das Einkommen. Aber sie ist, wie G. von Mayr sie nennt, eine „intermittierende Vermögenssteuer". Sie knüpft an den Übergang des Vermögens aus der toten in die lebende Hand an, erfaßt es in dieser seiner Bewegung und gilt daher als Verkehrssteuer. Diese Anknüpfung ist keine rein äußerliche, sondern sie bestimmt das Wesen und die Wirkungen der Steuer. Denn die steuerliche Leistungsfähigkeit ist vorhanden, weil das Vermögen auf diesem Übergang begriffen ist. Dem Erben fällt es als reiner Zuwachs seines eigenen Vermögens — unentgeltlich — zu. Das Außerordentliche dieses Falles rechtfertigt die reelle Vermögensbesteuerung, die sonst, von Notfällen abgesehen, als unzulässig gilt, weil man die Henne, die die goldenen Eier legt, nicht schlachten soll. Jedenfalls paßt diese Steuer sonach ebensowenig unter die direkten wie unter die indirekten Steuern im finanzwissenschaftlichen Sinne und aus ihrem Übergange an das Reich kann man kein Präjudiz für eine Besteuerung des Einkommens ableiten.

Betrachtet man finanzstatistisch den Umfang der beiden Aufgabenkreise, desjenigen des Reiches und desjenigen der Einzelstaaten, so ist der letztere der weitaus größere. Während die Reichsausgaben im Jahre 1907 2502,3 Millionen Mk. betrugen, beliefen sich die Ausgaben der sämtlichen Einzelstaaten auf 4825,1 Million Mk., also fast auf das Doppelte. Nun können die Einzelstaaten zwar den weitaus größten Teil ihrer Ausgaben durch Erwerbseinkünfte, nämlich in Höhe von 3355,3 Millionen Mk. decken. Aber gerade diese Einnahmen können nicht willkürlich gesteigert werden. Ihre Höhe bestimmt sich nach den wirtschaftlichen Verhältnissen. Von den übrigen Deckungsmitteln mit insgesamt 1469,8 Millionen sind 718,9 Millionen, also etwa die Hälfte, Steuern, die andere Hälfte verteilt sich zu fast gleichen Teilen auf Gebühren, Überweisungen vom Reiche und sonstige Einnahmen. Auch hier ist eine beliebige Steigerung ausgeschlossen. Von den 718,9 Millionen Steuern sind aber 534 Millionen direkte Steuern, 80 Millionen indirekte, 82 Millionen Verkehrssteuern und 20 Millionen Erbschaftssteuer. Die direkten Steuern sind also einerseits diejenige Quelle, auf deren weitere Entwicklung die Staaten zur Befriedigung ihres wachsenden Bedarfes angewiesen sind, anderseits die Hauptquelle der Besteuerung, da sie den Steuerbedarf zu 3/4 decken. Diese Übersicht bestätigt zahlenmäßig vollauf die obigen Ausführungen über die Bedeutung der staatlichen Aufgaben neben denjenigen des Reiches und über die Begrenztheit der Mittel zu ihrer Erfüllung. Greifen wir nun, um zu prüfen, in welchem Umfange die finanziellen Kräfte der Einzelstaaten jetzt schon in Anspruch genommen werden, wieder einen einzelnen Fall heraus, so betrug nach den regierungsseitig nicht beanstandeten Darlegungen des Freiherrn von Boecklin in der badischen ersten Kammer vom 14. Februar 1908 das Aufkommen Badens für das Reich 10,3 Millionen im Jahre 1880, 53 Millionen im Jahre 1896. Auf die Kopfzahl Badens im Verhältnis zum Reich reduziert betrug es im Jahre 1880 10,9, im Jahre 1906 35,6 Millionen. Der Anfwand für die allgemeine Staatsverwaltung betrug im Jahre 1880 32,8 im Jahre 1906 79,4 Millionen. Im Verhältnis zum Staatsaufkommen betrug das Reichsaufkommen im Jahre 1880 31 %, im Jahre 1906 45 % des ersteren. Die Zunahme des Staatsaufwandes betrug in derselben Zeit 110 %, die des Reichsaufwandes 250 %, die der badischen Bevölkerung dagegen nur 25 %.

Die Betrachtung der Wirkungen direkter Reichssteuern vom einzelstaatlichen Standpunkte aus erschöpft sie aber nicht. Sie sind auch vom Standpunkte des einzelnen Steuerträgers aus zu prüfen. Hier hat man sich vor allem klar zu machen, daß die Steuerfähigkeit des einzelnen Reichsangehörigen einen einheitlichen Charakter hat. Die Gesamtsumme aller öffentlichen Abgaben, die er zu tragen hat, ist die Last, deren Tragung für ihn in Frage steht. Gleichgiltig für seine Fähigkeit, diese Gesamtlast zu tragen, ist dabei, welche Steuergewalten sie ihm aufbürden und wie groß deren quotenmäßige Anteile an der Gesamtsumme sind. Die Größe und die richtige Verteilung der Gesamtlast entscheiden allein über das Maß der Tragfähigkeit, geradeso wie für den Soldaten die richtige Verteilung des Gepäckes die Tragfähigkeit vor allem bestimmt. Es ist also, soweit möglich, zu untersuchen, wie groß die Gesamtlast ist und welchen Anteil daran die direkten Steuern haben. Natürlich ist bei der großen Verschiedenheit der Belastung im einzelnen Falle, je nach der Art der betreffenden Steuern und nach der Zugehörigkeit zu den verschiedenen räumlichen Steuerbereichen, hier keine genaue

Einzelberechnung, sondern nur eine allgemeine Orientierung möglich. Das Schwergewicht der Untersuchung liegt aber nicht bei der staatlichen, sondern bei der kommunalen Besteuerung, und zwar in so hohem Grade, daß es geradezu das Pferd am Schwanze aufzäumen hieße, wollte man die kommunalen Finanzverhältnisse nicht zum Mittelpunkte der Frage machen, wieweit der Reichsangehörige noch mit direkten Reichssteuern neben der bereits bestehenden sonstigen direkten Besteuerung belastet werden kann. Denn die Zuschläge zu den staatlichen Steuern, insbesondere zur Einkommensteuer, betragen oft ein Vielfaches der letzteren. Schon im Jahre 1905 betrug die Belastung allein der preußischen Städte, ohne Berlin, mit direkten Gemeindesteuern 285 Millionen Mk., während die staatliche Einkommensteuer in Preußen im selben Jahre nur 200 Millionen Mk. erbrachte. Etwa 1/6 der preußischen Städte erhob mehr als 200 % Einkommensteuerzuschlag, fast die Hälfte mehr als 150 %. Es gab Städte, die über 300, über 400 und selbst über 500 % Zuschlag erhoben. Die Belastung mit Realsteuern betrug daneben in mehr als 700 preußischen Städten über 150 %[1]).

Sehen wir auf Sachsen, so wurden dort im Jahre 1901 an Staatssteuern 48,6 Millionen Mk. oder 11,34 Mk. pro Kopf, an Gemeindesteuern aber 64,4 Millionen oder 15,03 Mk. pro Kopf aufgebracht. Gegen das Vorjahr betrug die Zunahme bei den Staatssteuern 2,09, bei den Gemeindesteuern 5,51 %. Dabei ist in der Summe der Gemeindesteuern weder inbegriffen der den selbständigen Gutsbezirken im öffentlichen Interessen obliegende Aufwand noch die Wegebaulasten und sonstigen Naturalleistungen noch auch die von den sogenannten Altgemeinden im öffentlichen Interesse zu erfüllenden Verpflichtungen[2]). In den sächsischen

---

[1]) Nach Mitteilungen von Georg Strutz in der „Zeitschrift für Sozialwissenschaft“, Juni 1908.

[2]) Vgl. „Zeitschrift des Kgl. Sächs. Statist. Bureaus“, 1903, Heft 3 u. 4.

Stadtgemeinden fielen im Durchschnitt der Jahre 1891—1901 an gemeindesteuerpflichtigem Einkommen auf den Kopf 617,3 Mk. Die durchschnittliche Belastung betrug 20,8 Mk. oder 3,4 % des Einkommens, also ein Satz, der in Preußen für Einkommen von 9500—10 500 Mk. erhoben wird. Was das Verhältnis der Belastung durch die Gemeindeeinkommensteuer zu der Belastung durch die Staatseinkommensteuer betrifft, so betrug die erstere Belastung in Prozenten der letzteren:

in 496	Gemeinden	mit	416 816	Einwohnern	bis zu 100 %
„ 288	„	„	1 462 435	„	100—150 %
„ 271	„	„	800 161	„	150—200 %
„ 222	„	„	317 462	„	200—300 %
„ 108	„	„	90 613	„	300—900 %

Vor letzteren 108 hatten 73 Gemeinden 300—400, 22 Gemeinden 400—500, 8 Gemeinden 500—600, 3 Gemeinden 600—700, 1 Gemeinde 700—800 und eine 800—900 %! Dabei beginnt die staatliche Untergrenze für steuerpflichtige Einkommen in Sachsen schon mit 400 Mk. und haben für die kommunale Besteuerung eine höhere Grenze als diese von 1797 Gemeinden nur Dresden, Leipzig, Zwickau und 5 Landgemeinden.

Greifen wir die Steuerverhältnisse einer nichtpreußischen Großstadt, wie z. B. Leipzig heraus, so ist die kommunale Steuerlast dort in 15—20 Jahren um die Hälfte gestiegen. Die städtische Einkommensteuer allein stieg in den Jahren 1884—1904 von 12 auf 20,65 Mk. pro Kopf, ihr Gesamtertrag von 2 Millionen auf 10½ Millionen Mk. Die gesamten städtischen Steuern stiegen im selben Zeitraum um 72 %, obwohl das Vermögen der Stadt von 17 auf 39 Millionen Mk. sich erhöhte. Denn diese Erhöhung bedeutet zwar teilweise eine Vermehrung des produktiven Vermögens, dessen Überschüsse jedoch nicht in demselben Verhältnisse steigen wie die Bevölkerung. So wuchs der Vermögensbestand der Gasanstalten von 4¾ auf 11½ Millionen, aber ihr Überschuß ging von 6 auf 2,68 Mk. pro Kopf der Bevölkerung zurück. Der Wert der Wasserleitung wuchs von 3½ auf 9¾ Millionen. Aber anderseits stieg der Aktivwert des nicht wirtschaftlich produktiven sondern zehrenden Kapitals der Schulen von 6⅓ auf 22¾ Millionen [1]). Schullast und Armenpflege sind ja die Hauptgebiete der städtischen Ausgaben. In kleineren Städten macht die erstere allein oft fast die Hälfte der städtischen Ausgaben aus. Die jährliche Bevölkerungszunahme des Reiches um nahezu 1 Million Köpfe wirkt hier stark zu Ungunsten der Stadtsäckel ein.

Im ganzen Königreich Sachsen stieg das Gesamtsteueraufbringen der Stadt- und Landgemeinden von 1890—1901:

für die polit. Gemeinden	von 20½ Mill.	auf 37 Mill.	= 16½ Mill.	= 80 %
" " Schulgemeinden	" 11½ "	" 22 "	= 10½ "	= 91 %
" " Kirchengemeinden	" 3½ "	" 5½ "	= 2 "	= 57 %

Dagegen stieg die Bevölkerung nur von 3½ Millionen auf 4⅕ Millionen = 0,7 Millionen oder um 20 %. Also stieg die Steuerlast in diesen 11 Jahren um 82, die Bevölkerung nur um 20 %.

Eine große Steigerung erfährt die kommunale Steuerlast durch die rapide Zunahme der städtischen Schulden, deren Verzinsung und Tilgung den städtischen Etat immer stärker belastet. Nach einer Zusammenstellung des Statistischen Amtes der Stadt Nürnberg beliefen sich zu Anfang des Jahres 1906 die Gesamtschulden der 30 größten deutschen Städte auf 2314 Millionen Mk. An der Spitze stand Berlin mit 422,3 Millionen oder 207 Mk. auf den Kopf der Bevölkerung, am Ende Plauen mit 23,4 Millionen oder 222 Mk. pro Kopf. Das Bedenkliche ist dabei, gerade wie bei den Reichsschulden, das Tempo der Zunahme. Allein in den 3 Jahren von 1904—1906 wuchsen die Schulden von

[1]) Nach dem „Freiberger Anzeiger und Tageblatt" vom 19. Januar 1908 und den darin in bezug genommenen Zusammenstellungen des „Leipziger Tageblattes".

24 deutschen Großstädten um 545 Millionen Mk. oder um 67,34 Mk. auf den Kopf der Einwohner. Auf produktive Zwecke entfielen davon 48, auf unproduktive 47½, auf die Schuldentilgung 4½ %. Also noch nicht die Hälfte der erforderlichen Verzinsung findet durch Erträgnisse aus der Verwendung der Anleihen selbst Deckung. Für Tilgung der Anleihen sorgt zwar die Aufsichtsbehörde, allein noch während der Tilgung müssen bereits neue Anleihen aufgenommen werden, so daß die Gesamtschuldenlast und mit ihr die Verzinsungs- und Tilgungssummen wachsen. Nach einer Zusammenstellung des Direktors des Düsseldorfer Statistischen Amtes Dr. Most betrugen die Schulden aller 165 deutschen Städte mit mehr als 25 000 Einwohnern (nur die Hansestädte und Stendal ausgenommen), am 31. März 1907 3,8 Milliarden Mk. Das Reich hatte um diese Zeit aber nur einen Schuldenstand von 3,4 Milliarden. Dabei umfassen jene Städte nur 16 Millionen Einwohner, also nur etwa ein Viertel des deutschen Volkes. Auch hier ist das Zunahmetempo besonders beachtenswert. Ende März 1897 betrug die Schuld erst 1,3 Milliarden, sie hat sich also in diesen 10 Jahren fast verdreifacht! Auf den Kopf der Bevölkerung beträgt jene städtische Schuldenlast 167⅓ Mk.

Mit den Gemeinden wetteifern in der Ausgaben- und Schuldensteigerung die größeren Kommunalverbände. Die 489 preußischen Landkreise hatten am 31. März 1904 ein Sollaufkommen an direkten Kreissteuern von 64,7 Millionen Mk. = 2,50 Mk. auf den Kopf ihrer Bevölkerung und 38½ % des umlagefähigen Staatssteuersolls. Die Kopfbeträge schwanken aber in den einzelnen Provinzen sehr, nämlich von 3,65 Mk. in Westpreußen bis zu 1,31 Mk. in der Rheinprovinz. Bei einem Vergleich der Kopfquote der direkten Kreissteuern mit derjenigen der Staatssteuern in den einzelnen Provinzen ergibt sich eine bedeutend höhere Belastung der ärmeren Provinzen des Ostens mit Kreissteuern. Diese machen z. B. in Ost- und Westpreußen über 100 % der Staatssteuern, in Schleswig-Holstein dagegen nur 33, in der Rheinprovinz nur 18 % aus. Diese Ungleichmäßigkeit erschwert natürlich jede weitere Steigerung der direkten Steuerlast, erfolge sie durch das Reich oder durch wen sonst, ganz außerordentlich [1]). Die Gesamtausgaben derselben Kreise betrugen 183,6 Millionen oder 7,08 Mk. pro Kopf, die sich wiederum sehr ungleichmäßig verteilen (z. B. in Hessen-Nassau 57, in Pommern 100, in der Rheinprovinz 169, in Brandenburg 271 Mk. pro Kopf). Ihre Gesamtschuldenlast belief sich auf 357¾ Millionen = 13,79 Mk. pro Kopf und war ebenfalls außerordentlich verschieden verteilt (z. B. in Hessen-Nassau 4,32, in der Rheinprovinz 5,94, in Schlesien 12,16, in Westpreußen 24,48, in Brandenburg 27,42 Mk. pro Kopf). Die Verzinsung erforderte 11,6 Millionen, die Tilgung 13,76 Millionen Mk. jährlich.

Das Aufkommen der Provinzialabgaben zeigte im Jahre 1900 in Ost- und Westpreußen, Brandenburg, Pommern und Schlesien gegen 1880/81 eine Zunahme um 200—274 %, in Hannover um 389, in der Provinz Sachsen um 505 %. Seit 1890/91 betrug sie in Posen 122, in Schleswig Holstein 441, in Westfalen 262, in der Rheinprovinz 396 %. Im Bezirk Wiesbaden betrug die Zunahme im Jahre 1900 389 % gegen das Jahr 1895/96. Im Jahre 1903 betrugen diese Abgaben in Posen 19, in Westpreußen 20 % der Staatssteuern [2]).

Im selben Jahre wurden in den preußischen Städten mit 10 000 und mehr Einwohnern an Gemeinde- und Kreissteuern folgende Hundertteile des staatlich veranlagten Sollaufkommens der Einkommen- und Realsteuern erhoben:

---

[1]) Vgl. Heft 205 der „Preuß. Statistik" und die Besprechung in Nr. 205 der „Deutschen Tageszeitung" vom 7. Juni 1908.

[2]) Nach der „Volkswirtschaftl. Chronik für 1905" (Jahrbuch f. Nat.-Ökonomie u. Statistik).

	Einkommen-	Grund-	Gebäude-	Gewerbesteuer
100 % u. weniger	16	3	2	7
101—150 %	86	43	43	42
151—200 %	104	136	137	131
201—250 %	33	51	51	47
251 % u. mehr	6	12	12	18

Seitdem sind diese Sätze noch erheblich gestiegen.

In der Sitzung des Preußischen Abgeordnetenhauses vom 8. Januar 1908 erklärte der Finanzminister: „Wo das hinführen soll, diese zunehmende Verschuldung der Gemeinden, das ist mir ein Rätsel". Zugleich forderte er die Gemeindeverwaltungen zum Maßhalten als dem obersten Gebote im Leben des Einzelnen wie des Staates und der Gemeinden auf. Nützliche aber nicht notwendige Dinge sollten nicht auf dem Anleihewege, sondern nur aus laufenden Mitteln bestritten werden. In der Sitzung des Herrenhauses vom 6. Mai 1908 wurden namentlich vom Grafen Mirbach neue Klagen über zu hohe Belastung des Ostens durch Steuern vorgetragen und vom Oberbürgermeister Wilms (Posen) wurde die Überlastung mit kommunalen Einkommensteuerzuschlägen als derart unerträglich geschildert, daß die Frage ernstlich erwogen werden müsse, ob nicht der Staat einen Teil der davon zu bestreitenden Kosten auf sich nehmen müsse. Denn zum Wohle des ganzen Landes sei auch das Wohl der Städte Vorbedingung.

Zu diesen Steuerlasten treten nun noch die wegen ihrer großen Verschiedenartigkeit nicht leicht darzustellenden Kirchen- und Schulsteuern hinzu, die in manchen Gegenden ebenfalls außerordentlich hohe Beträge erreichen. So betrug im Königreich Sachsen das Gesamtsteueraufbringen der Stadt- und Landgemeinden im Jahre 1901 64,4 Millionen Mk., und zwar 56 Millionen an direkten und 8,4 Millionen an indirekten Steuern. Davon wurden für die politischen Gemeinden 37 Millionen, für die Schulgemeinden 21,7 Millionen und für die Kirchengemeinden 5,6 Millionen, also für letztere beiden Arten zusammen 42½ % erhoben. Die Entwicklung der direkten Gemeindesteuern ist dabei in einem Geschwindigkeitstempo begriffen, das für die Zukunft die ernstesten Sorgen wachrufen muß. Auf dem Jahreskongresse des Bundes Deutscher Bodenreformer zu Stuttgart im April 1908 erklärte der Vertreter der preußischen Regierung, Geh. Oberregierungsrat Freund: „In den preußischen Ministerien ist vor kurzem eine amtliche Untersuchung veranstaltet worden über den Steuerbedarf der Gemeinden. Das wichtigste Ergebnis war, daß fast überall eine Steigerung dieses Bedarfes festgestellt wurde, und zwar in einem Umfange, der fast erschreckend genannt werden muß. Es ist ja an sich diese Steigerung des Steuerbedarfs auch ein erfreuliches Zeichen, weil es von schnellsteigender Kulturarbeit Zeugnis ablegt; aber zuletzt steht doch immer dahinter die Frage: woher sollen die Mittel zur Deckung genommen werden?" [1]).

Dazu kommt nun noch, daß die staatliche Einkommensteuer in Preußen nach Versicherung des Finanzministers so erhöht werden muß, daß sich ihr Ertrag um 40 Millionen Mk. steigert. Damit werden auch die kommunalen Zuschläge die Pflichtigen entsprechend schwerer belasten.

Wie man auf diesen Aufbau von direkten Steuern: Staatseinkommen- und Vermögenssteuer, Realsteuern, kommunale Zuschläge zur Einkommensteuer und zu den Normalsätzen der Realsteuern, Kirchen- und Schulsteuern noch eine Reichseinkommensteuer und eine Reichsvermögenssteuer aufpfropfen will, ohne die Kapitalbildung, die Arbeitsenergie und den Sparsamkeitstrieb zu lähmen und zu verwirren, ist unerfindlich. Dabei kann die große Ungleichmäßigkeit der Belastung nicht scharf genug hervorgehoben

---

[1]) Vgl. „Jahrbuch der Bodenreform", 4. Bd., 2. Heft, S. 102.

werden. Die Belastung mit kommunalen Zuschlägen zur Einkommensteuer soll z. B. in Preußen im Durchschnitt 140, nach anderen Ermittlungen 150 % betragen. Was hilft aber dieser Durchschnitt denjenigen Steuerpflichtigen, die 400 oder 500 % Zuschlag zu zahlen haben? Und wenn sie auch eine noch so kleine Minderheit im Staate bilden, haben sie darum weniger Anspruch auf steuerliche Gerechtigkeit als die Glücklichen, die nur 100 % Zuschlag bezahlen? Wenn bei indirekten Steuern die Furcht, daß auch nur ein Teil der Arbeiter in der von der Steuer „bedrohten" Industrie brotlos werden könnte, immer wieder auf die Entwicklung der indirekten Besteuerung hemmend einwirkt, so darf bei der direkten die Frage, was aus den kommunalsteuerlich jetzt schon überlasteten Steuerträgern werden soll, wenn das Reich noch eine Einkommensteuer darauf setzt und je nach seinem wechselnden Bedarfe fortgesetzt erhöht, mit gleichem Rechte aufgeworfen werden. Zumal jene Arbeiter sehr leicht identisch sein können mit diesen prägravierten Steuerpflichtigen, denn das preußische Kommunalabgabengesetz kennt kein steuerfreies Existenzminimum, sondern stellt den Gemeinden die mildere Erfassung oder die Freilassung der untersten Steuerstufen nur anheim. Von den 26 preußischen Großstädten hatten im Jahre 1905 7 von dieser Ermächtigung überhaupt keinen Gebrauch gemacht.

Geradezu ungeheuerlich erscheint die Ungleichmäßigkeit der kommunalen Steuerbelastung an der Hand der sächsischen Landesstatistik. Die Belastung der einzelnen Einkommenstufen schwankt schon bei Einkommen von 300 Mk. zwischen 0,01 und 4 %, bei solchen von 1000 Mk. zwischen 0,04 und 8,80 %, bei solchen von 2000 Mk. zwischen 0,06 und 16 % (!), bei 10 000 Mk. zwischen 0,15 und 10 %, bei 100 000 Mk. zwischen 0,19 und 10,50 %. Es gibt also Steuerpflichtige mit 2000 Mk. Einkommen, die an Gemeindeeinkommensteuer 1,20 Mk. und ebensolche, die in einer anderen Gemeinde 320 Mk. zahlen. Die direkte Steuerlast gleicht in den deutschen Staaten einer umgekehrten Pyramide, die mit der abgestumpften Spitze auf dem Boden steht. Mäßig hohe staatliche Steuersätze bilden diese letztere, dann wächst die Last nach oben in die Breite durch kommunale Zuschläge, welche die staatlichen Sätze immer mehr überragen und um ein immer größeres Vielfaches übertreffen. Die Schul- und Kirchensteuern verbreitern die Last immer weiter, dazu kommen die steuerartigen Beiträge zu den Handels-, Landwirtschafts- und Handwerkskammern, die Deichlasten und ähnliche Abgaben, ganz abgesehen von den sozialpolitischen Lasten. Auf diesen mühsam im Gleichgewicht balanzierenden Bau noch das schwere Gewicht einer Reichseinkommen- und Vermögenssteuer zu werfen, hieße seinen Zusammenhalt schwer gefährden. Und dies um so mehr, da eine Reichseinkommensteuer, als Mittel der jeweiligen Balanzierung des Etats gedacht, doch nur eine quotisierte, bewegliche sein könnte, deren Sätze alljährlich im Etat festzusetzen wären. Denn daß die Ansprüche des Reiches zur Befriedigung wichtiger Aufgaben noch weiter wachsen werden, ist doch keinem verborgen, der die Entwicklung in den 37 Jahren des Bestehens des Reiches auch nur oberflächlich verfolgt hat. Die fortdauernden Ausgaben stiegen von 395,8 Millionen im Jahre 1875 auf 1792 Millionen im Jahre 1907 [1]). Die festen Sätze direkter Reichssteuern könnte man, schon um nicht „Steuern auf Vorrat" zu bewilligen, nicht von vornherein dem künftigen Wachstum anpassen. Um nicht alle paar Jahre diese Steuergesetze abändern zu müssen, bliebe nur die Quotisierung übrig. Die Einkommensteuer kann aber wohl da beweglich sein, wo sie, wie in der Landesbesteuerung, nahezu die einzige direkte Staatssteuer ist. Als beweglicher Aufsatz auf ein System direkter —

---

[1]) Vgl. „Das Reichsfinanzwesen" von Prof. v. Eheberg, 1908, S. 7.

teils unbeweglicher, teils beweglicher — Staatssteuern, das mit weit über das Maß hinausgehenden kommunalen Zuschlägen kombiniert ist, müßten aber bewegliche direkte Reichssteuern alle Nachteile der Quotisierung in außerordentlichem verstärktem Maße fühlbar machen.

Sehen wir nun aber zu, was eine Reichseinkommensteuer „mit mäßigen Sätzen“, mit denen man nach Versicherung ihrer Vertreter sich würde begnügen können, einbringen würde. Zunächst ist klar, daß das Reich, wenn es eine Einkommensteuer zum Zwecke der Schonung und steuerlichen Entlastung der unteren Volksklassen einführen wollte, die kleineren Einkommen steuerfrei lassen müßte. Das ist ja eben die Pointe der Reichseinkommensteuer, daß sie an die „besitzenden“ oder „leistungsfähigen“ Klassen sich wendet. Sonst könnte man es beim Ausbau der indirekten Steuern bewenden lassen. Allermindestens müßten also die Einkommen bis zu 3000 Mk. freigelassen werden. Freilich zur großenteils berechtigten Enttäuschung derjenigen, die 3—6000 Mk. Einkommen beziehen. Denn eine starke Familie, die mit einem solchen Einkommen bei der teueren Lebenshaltung unserer Zeit auszukommen hat, wird, zumal wo nach außen hin ein gewisser standard of life unbedingt aufrecht erhalten werden muß, nicht mit Unrecht genug an direkten Steuern zu entrichten glauben, wenn sie mit etwa 8 %, wie bisher, belastet wird. Dr. Gerloff hält in seiner[!], für die Reichseinkommensteuer eintretenden Schrift: „Matrikularbeiträge und direkte Reichssteuern“, dafür, daß „angesichts der Überlastung kleiner und mittlerer Einkommen durch Verbrauchsabgaben“ die Einkommen bis zu 6000 Mk. freigelassen werden müßten, legt aber seiner Berechnung die Steuerpflicht für Einkommen über 3000 Mk. und einen Steuersatz von 10 % der preußischen Sätze zu Grunde. Danach kommt er unter Zugrundelegung der amtlichen Steuerstatistik für Preußen auf etwa 15, für das Reich auf etwa

24—25 Millionen Mk. als Ertrag einer Reichseinkommensteuer, also soviel wie die Einzelstaaten an ungedeckten Matrikularbeiträgen tragen zu können erklären. 24 Millionen, während 500 Millionen erforderlich sind — das wäre eine mehr als bescheidene Leistung der Reichseinkommensteuer. Aber wenn wir selbst die Hälfte der preußischen Sätze nehmen, kommen wir nur auf 120—125 Millionen, also auf etwa ein Viertel des Bedarfes. Man sieht: schont man die direkte Steuerkraft im Interesse der auf sie angewiesenen Staaten, so fällt für das Reich nur ein dürftiger Brocken ab. Sobald man sie aber stärker anspannt, wird den Einzelstaaten die finanzielle Lebensader unterbunden. Und um jenen winzigen Effekt zu erreichen, soll der ganze komplizierte und teuere Apparat einer Reichseinkommenbesteuerung geschaffen und dem finanziellen Selbstbestimmungsrechte der Einzelstaaten das Rückgrat gebrochen werden!

Wenn es doch aber geboten ist, die Steuerpflicht erst bei 6000 Mk. beginnen zu lassen, welchen Ertrag würde die Reichssteuer dann geben? Der Einteilung der amtlichen Statistik folgend wollen wir 6500 Mk. als Untergrenze zu Grunde legen. Die Steuerpflichtigen mit darüber hinausgehenden Einkommen machen in Preußen, woselbst von 37¼ Millionen Einwohnern und 8 Millionen Haushaltungen nur 5⅓ Millionen Personen einkommensteuerpflichtig sind, nur 3,22 % aller Zensiten aus. Diese bringen nur wenig über die Hälfte des Steuersolls auf, nämlich nur 51,69 %. Für das Reich würden sich danach, nach dem Verhältnis von 3 : 5, 216⅔ Millionen Mk. ergeben. Ein 10prozentiger Zuschlag würde also nur 21,66 Millionen Mk. erbringen. Dabei ist noch in Betracht zu ziehen, daß die nichtphysischen Personen — in Preußen ca. 7000 mit rund 25 Millionen Mk. Steueraufbringen — in den zugrunde gelegten Ziffern enthalten sind, in Ansehung deren bereits eine Doppelbesteuerung der Gesellschaften und ihrer Mitglieder besteht. Geht man dagegen dem Reichsdefizit mit der Reichseinkommensteuer ernstlich zu Leibe, so müßten deren Sätze die volle Höhe der preußischen Einkommensteuer haben und die Einkommen von 900 Mk. an belasten, um 250 Millionen Mk., also wenigstens die Hälfte des Reichsbedarfes, zu erbringen. Diese Belastung würde aber vor allem den **Mittelstand** schwer treffen. Schließt man in die Zahl der Zensiten ihre Angehörigen ein, so sind in Preußen 3/5 der Bevölkerung frei von Einkommensteuer, weil sie nur das steuerfreie Existenzminimum bis zu 900 Mk. zum Leben haben. Von den 5 1/8 Millionen überhaupt steuerpflichtigen Personen bringen diejenigen mit 900—3000 Mk. Einkommen 32,59 % des Gesamtsteuerertrages, die mit 3000—6500 Mk. 15,72 % desselben auf. Also werden 48,31 % oder nahezu die Hälfte des Steuerertrages von Angehörigen des Mittelstandes aufgebracht. Ohne dessen Heranziehung würde man daher nur ein Viertel des erforderlichen Betrages erzielen. Man müßte also die Klassen, die über 6500 Mk. Einkommen beziehen, geradezu mit den vierfachen Sätzen der preußischen Steuer belasten, um den vollen Reichsbedarf decken zu können. Wollte man die Steuerpflicht bei Einkommen von 30 500 Mk. an, also bei den zweifellos reichen Leuten beginnen lassen, so käme wiederum in Betracht, daß fast der ganze Anteil der Aktiengesellschaften am Gesamtsteueraufkommen in diese Sphäre fällt. Erfaßt man aber nur die physischen Personen mit solchem Einkommen, so müßten, da diese kaum mehr als 1/8 des Gesamtsteuerertrages aufbringen, gegen diese kleine Bevölkerungsschicht geradezu exorbitante Steuersätze konfiskatorischen Charakters angewendet werden. Daß das unmöglich, bezeugen selbst hervorragende Sozialisten. So sagt Schippel (in den Soz. Monatsheften vom 3. Sept. 1908): „Bei ernstlich hohen Steuersätzen müßten an allen Ecken und Enden schreiende Ungerechtigkeiten hervorbrechen". Und ferner

Kautsky (ebenda zitiert aus „Am Tage nach der sozialen Revolution“): „Es ist eine bekannte Tatsache, daß, je höher die Steuer, desto größer die Versuchungen zu Steuerdefraudationen. Aber selbst wenn es gelänge, jede Verbergung von Einkommen und Vermögen unmöglich zu machen, selbst dann wäre man nicht in der Lage, die Einkommen- und Vermögenssteuern beliebig hoch zu schrauben, weil die Kapitalisten, wenn die Steuer ihr Einkommen oder Vermögen zu sehr beschnitte, einfach aus dem Staate fortziehen würden und dieser das Nachsehen hätte.“ Es würde also schließlich ohne Heranziehung der mittleren Einkommen von 3000—6500 Mk. doch nicht abgehen. Der Mittelstand müßte gründlich bluten, um eine Reichseinkommensteuer durchführen zu können. Hier würden nun aber alle die Härten, die der direkten Besteuerung anhaften, in vollstem Umfange fühlbar werden, zumal in einer Zeit außerordentlicher Verteuerung der gesamten Lebenshaltung wie der jetzigen, deren Ende nicht abzusehen ist. Während die Familien, die mittlere Einkommen beziehen, an allen Ecken und Enden sich einzuschränken, mit Surrogaten von Lebensmitteln, Aftervermietung von Wohnräumen usw. sich den veränderten Verhältnissen anzupassen versuchen, drückt gerade die Erhöhung der direkten Steuerlast auf das härteste. Zum Steuerquartalstermine muß der Steuerbetrag auf Heller und Pfennig beschafft sein. Unerbittlich droht sonst die Exekution. Eine Abwälzung, wie sie bei Preiserhöhungen von Waren oder beim Steigen von Löhnen aus der Natur der Sache und den Zusammenhängen des wirtschaftlichen Lebens im Flusse des Verkehres sich zu vollziehen vermag, gibt es hier nicht. Da man sich aber diese Steuer als den beweglichen Faktor der Reichsfinanzen vorstellt, so würden diese Volksklassen in steuerlicher Hinsicht niemals zur Ruhe kommen und ihre ganze Wirtschaftsführung würde im höchsten Grade unsicher und haltlos werden. Man kann nach alledem auf die Nutzbarmachung der Einkommensteuer für das Reich in der Tat die von dem Freiherrn von Boecklin in der badischen ersten Kammer angeführte Bauernregel anwenden, daß eine Kuh, wenn zwei an ihr melken, deshalb nicht mehr Milch gibt. Auch im bayrischen Abgeordnetenhause haben die Redner aller bürgerlichen Parteien bei der Generaldebatte über den Etat im April 1908 anerkannt, daß der Mittelstand unter einer Reichseinkommensteuer vorzugsweise leiden müßte.

Diese Eigenschaft einer solchen Steuer ist ihren Freunden und Gegnern auch sonst durchaus nicht unbekannt. So äußerte sich die „Freisinnige Zeitung" (Nr. 99 vom 28. April 1908) unter Zustimmung zu Labands Ausführungen gegen den Plan einer derartigen Steuer wie folgt: „Auch der Einwand, daß eine allgemeine Reichseinkommen- oder Reichsvermögenssteuer, selbst wenn ihre technische Ausführung gesichert ist, vorzugsweise den Mittelstand belasten würde, ist richtig. Wir fügen hinzu, daß die Arbeiter gleichfalls davon außerordentlich zu leiden haben würden —". Und über die Notwendigkeit, die Einkommen aller Bevölkerungsschichten zu einer Reichseinkommensteuer heranzuziehen, schreibt der Sozialist Calwer: „Das ist natürlich ausgeschlossen, daß die breiten Massen der Bevölkerung bei einer Verallgemeinerung der Einkommensteuer außer Betracht bleiben könnten. Aus den höheren Einkommen allein kann ein moderner Staat seinen Einnahmenbedarf nicht mehr decken. Das Einkommen aller Schichten der Bevölkerung muß vielmehr die Einnahmequelle bilden; anders ist eine allgemeine Einkommensteuer als Hauptquelle für die staatlichen und gemeindlichen Einnahmen ausgeschlossen. Ist aber diese Voraussetzung gegeben, so fallen die Bedenken gegen eine Reichseinkommensteuer weg" (Soz. Monatshefte, Juli 1908). Diese Ausführungen sind nicht nur darum interessant, weil sie die Unerschrockenheit aufs Neue kund tun, mit der ihr Verfasser, obwohl Sozialdemokrat, sich vor dem „König Demos“ und seinem Hofstaat zu den Ergebnissen seiner wissenschaftlichen Forschungen bekennt. Soweit sie den Mittelstand betreffen, dürften sie auch vor der Synode des rechtgläubigen Sozialismus nicht ohne weiteres der Verdammung anheimfallen. Bekanntlich ist es für den orthodoxen Sozialismus äußerst peinlich und hinderlich, daß die von Marx prophezeite Zerreibung des Mittelstandes durch die beiden Mühlsteine des Plutokratismus und des Pauperismus nicht nur nicht eintreten will, sondern vielmehr von der Entwicklung unserer Volkswirtschaft fortgesetzt widerlegt wird. Bernstein, David, Edmund Fischer und andere revisionistische Sozialisten haben diese Tatsache längst überzeugend nachgewiesen und die Notwendigkeit anderweiter Fundamentierung des sozialistischen Dogmas anerkannt. So Fischer im Juniheft der „Soz. Monatshefte“: „Demgegenüber sehen wir aber einen neuen großen Mittelstand — der zum großen Teil aus dem Proletariat herauswächst — heranreifen und sich zwischen Kapital und Proletariat schieben. Wer Augen hat, kann das nicht leugnen. — — — Bei der letzten Reichstagswahl schwenkten die meisten dieser Mittelständler ins gegnerische Lager ab, und zwar war es ihnen ganz egal, welcher politischen Partei sie ihre Unterstützung liehen; sie, die lange für uns gestimmt hatten, gingen plötzlich mit einem ihnen bisher fremden Eifer und politischen Interesse gegen die Sozialdemokratie, die Partei der Arbeiter, vor . . . Die Gesamtheit dieser Elemente, die alle keine eigentlichen Lohnproletarier sind, betrachtet sich selbst als Mittelstand, und es ändert nichts an der Sache, ob wir das zugeben oder nicht: sie *ist* eine Mittelschicht zwischen Proletariat und Kapital, die man als einen *neuen Mittelstand* bezeichnen kann.“ Fischer berechnet die Mitgliederzahl dieses neuen Standes auf rund 7 Millionen und stellt fest, daß sie die des Lohnproletariats erheblich übertrifft.

Die wirtschaftliche Lage dieses neuen Mittelstandes ist nun

aber eine günstigere als die des alten und sein Wohlstand im Wachsen begriffen. Die Einkommen der mittleren Klassen steigen nach der Statistik in stärkerem Verhältnis als die Gesamtzunahme beträgt. Zwar ist das Tempo der Zunahme der Einkommen in den obersten Klassen am stärksten, aber die kleinen Einkommen nehmen nach Zahl und Umfang ab, weil sie fortgesetzt zu höheren Stufen aufsteigen. Ist doch nach der neuesten preußischen Statistik die Bevölkerungsschicht mit Einkommen unter 900 Mk. allein im letzten Jahre um 1456486 gesunken. Im Königreich Sachsen sind in den Jahren 1897—1902 die Einkommen von 800—1400 Mk. von 142755 auf 497730, also wie 100 : 349 gewachsen, dagegen die unter 800 Mk. im Verhältnis zur Gesamtzahl der physischen Zensiten zurückgegangen, während die steuerfreien Einkommen bis 400 Mk. absolut und relativ erheblich abgenommen haben, anderseits die Einkommen von 1400—16000 Mk. absolut und relativ erheblich gestiegen sind [1]). Dazu kommt noch die dem Sozialismus so schmerzensreiche Vermehrung des kleinen und mittleren bäuerlichen Besitzstandes. Diese Entwicklung hindert die Umwandlung in die sozialistische Gesellschaftsform der Zukunft und erschwert der Sozialdemokratie die praktische Arbeit. Die Expropriation der Expropriateure ist, solange diese Entwicklung andauert, natürlich nicht möglich. Daher die Feindseligkeit gegen den Mittelstand und gegen jede Förderung seiner Interessen, die sich in zahlreichen Ausbrüchen dokumentiert. So schrieb die „Sächs. Arbeiterzeitung" im Juli 1890: „Wir werden immer und überall bestrebt sein, den Untergang des Kleingewerbes zu beschleunigen." Und im Mai 1890: „Wir erklären nicht bloß den großen Gutshöfen, sondern auch dem kleinsten Bauernhaus den Krieg." Engels schrieb im Mai 1890: „Wenn aber das Kapital die kleinen

[1]) Nach Dr. Hoffmann, „Die direkten Staatssteuern im Königreich Sachsen", 1906.

Handwerker und Kaufleute vernichtet, so tut es ein gutes Werk." Im Mai 1903 führte der Abg. Ledebour in einer Berliner Volksversammlung aus: „Die Sozialdemokratie hat mit den Mittelstandsparteien absolut nichts gemein und wird sich niemals dazu hergeben, die Interessen des Mittelstandes, d. h. der Handwerker, Ladenbesitzer, kleinen Industriellen usw. zu vertreten, da auch diese nur zu der Klasse der Ausbeuter gehören. Die Sozialdemokratie ist nicht dazu da, die in ihrer Existenz bedrohten kleinen Gewerbetreibenden zu schützen oder zu stützen, sondern es liegt nur in der Absicht der Sozialdemokratie, daß diese Elemente, die dem Existenzkampfe nicht gewachsen sind, ihre Selbständigkeit aufgeben" [1]. Die Belastung mit Reichseinkommensteuer ist nun aber geeignet, diese dem Sozialismus nachteilige Entwicklung zu hemmen und den Mittelstand auf der ganzen Linie seiner aufsteigenden Entwicklung zurückzudrängen. Mit diesem Bleigewicht behängt, wird er am ferneren Aufschwunge behindert und der Lage der unteren Klassen wieder näher gebracht. So wird „Klassenpolitik" zugunsten des Proletariats getrieben. Freilich werden auch die schon in den Bereich des Mittelstandes hineinragenden oberen Schichten der bestbezahlten Lohnarbeiter davon betroffen, aber was schadet das? Sind sie aus den Verhältnissen und Bahnen des Proletariats herausgeraten, so mögen sie die Folgen tragen. So wird denn als sozialistisches Allheilmittel gegen die Reichsfinanznot anempfohlen: eine allgemeine Reichseinkommensteuer und dazu eine Reichsvermögenssteuer und eine das Erbrecht möglichst illusorisch machende Besteuerung der Erbschaften. Es gilt dem Vorteile des Proletariats und „seiner" Partei, wenn man sich bestrebt, die neuen unvermeidlichen Steuerlasten nicht bloß den „Reichen" aufzuerlegen, sondern auch auf die Schultern der „Mittelständler" abzuwälzen — der Ent-

[1] Aus dem Artikel „Die Partei der Freiheit, Gleichheit, Brüderlichkeit" in Nr. 16 der „Nationalliberalen Blätter" vom 15. August 1907.

lastung des wahren, echten, proletarisch gesinnten und proletarisch bleibenden Proletariats. Mögen auch manche Revisionisten einer sozialdemokratischen Mittelstandspolitik das Wort reden, weil sie die „Mittelständler" zur Ausfüllung der sozialdemokratischen Reihen für unentbehrlich halten [1]), so haben diese Mittelstands-theoretiker doch auf die parlamentarische Taktik der Partei keinen Einfluß. Sie sind mit ihren Forderungen noch immer geduckt worden. So lehrt denn auch Kautsky, der Wortführer des recht-gläubigen Sozialismus, im September 1908: „Nicht im Klein-bürgertum, auch nicht im kleinbürgerlich fühlenden Proletariat ruht die Wurzel unserer Kraft und auch unserer Wahlerfolge, sondern im klassenbewußten, kämpfenden Proletariat, seiner Be-geisterung, seiner Hingabe für unsere Sache." Die Wurzeln seiner Kraft behütet man aber vor der Benagung durch die ge-fräßige Reichseinkommensteuer. Mag sie dem abtrünnigen Mittel-ständler an die Wurzeln seiner Existenz gehen!

Die Ausführung des Projektes einer Reichseinkommen-steuer würde auf einem der drei von Laband bezeichneten Wege erfolgen müssen: durch Zuschläge zu den bestehenden Landes-einkommensteuern oder durch Einführung einer eigenen Reichs-einkommensteuer entweder neben diesen Steuern oder an ihrer Stelle. Im letzteren Falle müßte den Einzelstaaten ein Teil ihres Ertrages überwiesen werden. Für die Erhebung von Zu-schlägen des Reiches ist bekanntlich keine einheitliche, gleichmäßige Grundlage vorhanden, da Bayern, die beiden Mecklenburg und Elsaß-Lothringen noch keine allgemeine Einkommensteuer besitzen, die Einkommensteuern der übrigen Staaten aber sehr verschieden

---

[2]) So Fischer selbst: „Wenn wir die berechtigten Interessen dieser Mittelständler, die mit den Klasseninteressen der Arbeiter nicht in Wider-spruch stehen, nicht berücksichtigen, werden wir sie im großen Ganzen nie in unseren Reihen haben, und wenn sie einmal zu uns kommen, laufen sie schließlich wieder davon."

gestaltet sind. Eine solche Grundlage wäre aber nur durch ein Reichsgesetz zu schaffen, da eine vertragsmäßige Übereinkunft der Einzelstaaten keine ausreichende Garantie bieten würde. Denn das Rücktrittsrecht unter allen Umständen auszuschließen, wäre doch nicht angängig. Ob nun dazu eine Änderung der Reichsverfassung nötig wäre oder nicht, jedenfalls würde das finanzielle Selbstbestimmungsrecht der Einzelstaaten der Sache nach aufgehoben werden, wenn die Prinzipien der Einkommensbesteuerung von einem Reichsgesetze aufgestellt würden, wenn ihre Durchführung im Reichsgesetze selbst und in den Ausführungsverordnungen des Bundesrates geregelt und die Überwachung der Ausführung nach Art. 17 der Verfassung der Reichsregierung obliegen würde. Ferner ist aber auch das Steuersystem in jedem deutschen Staate ein historisch und organisch erwachsenes einheitliches Ganzes. Sein Zusammenhang würde zerrissen werden durch Eingreifen direkter Reichssteuern. Der zweite Weg der Erhebung einer Reichseinkommensteuer neben den bestehenden Landeseinkommensteuern würde die Finanzen der Einzelstaaten in starke Verwirrung bringen, zudem aber ganz ungleichmäßig auf die Steuersubjekte einwirken, was zu schweren Ungerechtigkeiten führen müßte. Wenn jeder nach gleichem Maßstabe zur Reichseinkommensteuer, daneben aber in ganz verschiedener Art und Stärke zur staatlichen Einkommensteuer herangezogen wird, so wird die wirtschaftliche Lage der Steuerträger und werden die Bedingungen des wirtschaftlichen Wettbewerbes stark verschoben. Das Schöpfen zweier Gewalten aus der nämlichen Quelle könnte auch leicht zu Mißhelligkeiten zwischen den ausführenden Behörden führen, ganz abgesehen von der großen Umständlichkeit und Kostspieligkeit einer solchen Doppelbesteuerung. Der dritte Weg, die Besteuerung des Einkommens durch das Reich, würde sachlich die schon geschilderte finanzielle Abdankung der Einzelstaaten bedeuten. Diese würden auf den Status einer beschränkten Autonomie herabsinken, wie sie die engeren Verbände des Staates, die Gemeinden usw., diesem gegenüber innehaben. Sie dürften ihr bescheidenes Boot an das Schiff des Reiches anhängen, um dessen Kurs mitzumachen. Der Sozialist Schippel bekennt von der Reichseinkommensteuer: „Seit der Reichsgründung und seit dem Bismarckschen Anlaufe zu Reichseisenbahnen hätten wir keinen solchen Einbruch in die Souveränitätsrechte der Einzelstaaten mehr erlebt“ (Soz. Monatshefte, vom 3. September 1908).

Schließlich sei noch hingewiesen auf die psychologisch wichtigen Folgen einer teilweisen Okkupierung der Einkommensbesteuerung durch das Reich. Den Einzelstaaten würde die Freudigkeit des Mitwirkens an den großen Aufgaben des Reiches in hohem Grade getrübt werden, wenn sie gegen das Reich sich wehren müßten, um die Mittel zur Behauptung ihrer Existenz in ausreichendem Maße fernerhin zu finden. Das Gedeihen des Reiches und die Förderung seiner Aufgaben hängt aber ganz wesentlich mit ab von der Hingebung der Regierungen, der Landtage und der sonstigen einzelstaatlichen Faktoren an dieser Mitarbeit, von der Gesinnung, mit der sie dieser Arbeit sich unterziehen.

IV. Reichsvermögenssteuer.

Noch schwerer als gegen eine Reichseinkommensteuer wiegen die Bedenken gegen eine Reichsvermögenssteuer. Da die Vermögenssteuer die Funktion einer Ergänzung der Einkommensbesteuerung versieht, so würde sie, als alleinige direkte Reichssteuer vorgestellt, gleichsam in der Luft schweben. Denn ihr Zweck ist, das fundierte, aus Vermögensbesitz fließende Einkommen stärker als dasjenige aus Arbeit zu erfassen, weil es fester von Bestand, insbesondere den Zufälligkeiten nicht ausgesetzt ist, welche die Person und damit auch die Arbeitskraft treffen, die ja ein Teil der Persönlichkeit selbst ist (Arbeitslosigkeit, Krankheit, Unfälle, Invalidität, Alter, Tod). Es wird bei ihr auf dem Umwege über das Vermögen auf die steuerliche Leistungsfähigkeit des Einkommens geschlossen, indem das erstere der Steuertechnik als Maßstab zur Bemessung der letzteren dient. Durch jenen Umweg wird aber die Erreichung ihres Zweckes erheblich erschwert. Zunächst sind die Schwierigkeiten zutreffender Schätzung der Vermögenswerte bei der Beweglichkeit unseres wirtschaftlichen Lebens sehr große. Es lassen sich regelmäßig nur Durchschnittswerte feststellen, weil mit den Erträgen je nach den Konjunkturen auch die Boden- und Kapitalwerte schwanken. Sodann ist der Schluß auf die steuerliche Leistungsfähigkeit je nach den Arten des Vermögens von sehr verschiedener Zuverlässigkeit. So ist z. B. der landwirtschaftliche Besitz in Perioden sinkender Rentabilität der Landwirtschaft entsprechend weniger leistungsfähig als der bewegliche. Diese Verschiedenheit wird auch nicht dadurch ausgeglichen, daß der gesunkene Ertrag einen entsprechend niedrigeren Wert des Bodenkapitals zur Folge hätte. Die Schätzung muß sich vielmehr vor allem an die Kaufpreise der Güter halten, die aber bekanntlich auch in schlechten Zeiten durchweg höher sind als die Ertragswerte. Nicht nur weil die Hoffnung auf bessere Zeiten der Fixierung des wirtschaftlichen Rückganges in niedrigeren Güterpreisen im Wege steht, sondern auch weil bestimmte entgegenwirkende Ursachen diese immer wieder über den Ertragswert hinaustreiben. So das soziale Ansehen des Grundbesitzers, der Halt, den der Grundbesitz der Familie gibt, die mit ihm verbundenen Vorrechte bei Wahlen usw., die Annehmlichkeiten des Waltens auf eigener Scholle, die Unabhängigkeit von den Marktpreisen der Lebensmittel und andere. Dazu kommt der steigende „Seltenheitswert", den der seiner Natur nach unvermehrbare Boden bei einem Wachstum der Bevölkerung von jährlich fast einer Million Köpfen erlangt. Endlich ist der steuerliche Vermögenswert ganz unabhängig von der persönlichen Tüchtigkeit des wirtschaftenden Besitzers; diese aber ist gerade maßgebend für den Erfolg der wirtschaftlichen Tätigkeit, auf den es doch schließlich ankommt und in dem sich die steuerliche Leistungsfähigkeit offenbart. Dieser Persönlichkeitswert geht aber in den Vermögenssteuerwert nicht mit auf und kommt überhaupt nicht in Anschlag; denn die Schätzung kann sich nur an äußerliche Merkmale halten und von durchschnittlichen Verhältnissen und Leistungen ausgehen.

Alle diese Umstände bewirken, daß Vorsicht bei dieser Steuer geboten ist, um nicht schwere steuerliche Ungerechtigkeiten herbeizuführen. Als alleinige direkte Steuer wäre sie natürlich in noch sehr viel höherem Maße dazu angetan, diese Mängel hervortreten zu lassen. Anderseits könnten die bisher in Preußen,

Hessen, Braunschweig, Sachsen, Baden und Sachsen-Gotha bestehenden Vermögenssteuern noch weniger als Grundlage einer Reichsvermögenssteuer dienen wie die einzelstaatlichen Einkommensteuern als Grundlage einer Reichseinkommensteuer. Denn sie sind untereinander von noch viel verschiedenartigerem Charakter. So ist in Baden das Prinzip dieser Steuer überhaupt nicht konsequent durchgeführt, sondern der Ertragssteuercharakter als Unterlage erhalten geblieben. Die landwirtschaftlichen Betriebskapitalien sind steuerfrei. Der Schuldenabzug ist nur bis zur Hälfte des Vermögenssteuerkapitals zugelassen, wodurch nur etwa drei Viertel aller Schulden abzugsfähig geworden sein sollen. Ist der Kurswert von Effekten unter dem Nennwerte, so wird gleichwohl der letztere als Steuerwert angenommen. In Sachsen ist alles von der Grundsteuer getroffene Vermögen steuerfrei. Die Aktiengesellschaften sind hier im Gegensatze zu Preußen vermögenssteuerpflichtig. Die Kapitalschulden sind, wie auch in Preußen, sämtlich abzugsfähig. Württemberg kennt zwei Gruppen von „Ergänzungssteuern", aber keine einheitliche Vermögenssteuer. Dies sind nur einige Hauptunterschiede unter vielen.

Die staatliche Vermögenssteuer ist endlich erst in den Anfängen der Entwicklung, zumal da sie nur proportionalen Steuerfuß hat. Ihre weitere Ausbildung, besonders nach der Progression zu, würde das gegebene Mittel sein, die kapitalistische Entwicklung in den verschiedenen Zweigen der Volkswirtschaft sich allmählich zunutze zu machen, um die stärkere Leistungsfähigkeit des großen Vermögensbesitzes, unter Schonung des Mittelstandes, steuerlich auszunutzen. Die Möglichkeit dazu ist namentlich deshalb vorhanden, weil die Vermögensansammlung in stärkerem Tempo zunimmt als das Wachstum des Arbeitseinkommens. Das steuerpflichtige Gesamtvermögen aller Vermögenssteuerpflichtigen in Preußen stieg von 1905 bis 1907 um 6,75 Milliarden Mk. oder 8,93 %, nämlich von 75¾ auf 82½ Milliarden. Also ein jährlicher durchschnittlicher Vermögenszuwachs von über 2 Milliarden Mk. allein in Preußen.

Die Ergiebigkeit einer Reichsvermögenssteuer würde nur eine geringe sein. Wegen ihrer natürlichen Mängel und ihres Ergänzungscharakters sowie wegen der Konkurrenz der Einzelstaaten könnte man nur einen mäßigen Steuerfuß zugrunde legen. Bei dem preußischen von $1/2$ ‰ würden $68\,1/2$ Millionen Mk. einkommen. Davon ginge aber noch die Entschädigung der sechs Einzelstaaten ab.

V. Die Veredelung der Matrikularbeiträge.

Neben den Bestrebungen auf Einführung direkter Reichssteuern und in einem gewissen Zusammenhange mit ihnen ertönt der Ruf nach „Veredelung" der Matrikularbeiträge. Es wird dabei zweierlei zusammengeworfen, was an und für sich nichts miteinander gemein hat. Einmal soll der Klage, die so alt wie das Reich ist, nämlich über die Ungerechtigkeit des Maßstabes der einzelstaatlichen Bevölkerungskopfzahl für die Matrikularbeiträge, durch Auffindung und Anwendung eines gerechteren Maßstabes ein Ende gemacht werden. Sodann aber spricht man von dieser Veredelung als einem Mittel zur notwendigen Vermehrung der Reichseinnahmen. Die Veredelung in dem Sinne, daß ein einwandfreier, vollkommen gerechter Maßstab der Verteilung an Stelle des zweifellos sehr ungleichmäßig wirkenden jetzigen gesetzt wird, ist ein unerreichbares Ziel. Laband und andere haben schon darauf hingewiesen, daß nicht die Reichsangehörigen selbst, sondern die Einzelstaaten kopfsteuerartig erfaßt werden, innerhalb eines jeden Staates es aber den gesetzgebenden Faktoren völlig überlassen ist, wie sie den einzelnen Anteil aufbringen wollen.

Ferner läßt sich die im Verhältnisse der einzelnen Staaten zueinander bestehende staatswirtschaftliche Kraft zur Aufbringung der Matrikularbeiträge ziffernmäßig gar nicht erfassen. Diese Kraft des einzelnen Staates ist gleichbedeutend mit der zusammengefaßten wirtschaftlichen Leistungsfähigkeit aller ihm angehörigen Wirtschaftssubjekte, privater und öffentlicher, sowie der produktiven Unternehmungen des Staates selbst. Diese Leistungsfähigkeit ist aber aus außerordentlich vielen und verschiedenartigen Elementen zusammengesetzt. Sie besteht nicht bloß in dem steuerlichen Aufbringen, sondern es kommen auch die Erwerbseinkünfte und andere Einnahmearten in Betracht. Auch nicht in der Summe aller Einnahmen, denn Schulden oder anderweite Verpflichtungen können deren Wert erheblich herabmindern. Sie wechselt auch fortgesetzt, absolut wie im Verhältnis zu den Kräften der anderen Staaten, weil ihre Komponenten selbst schwankende Erträge sind, die namentlich von den wirtschaftlichen Konjunkturen abhängen. Heute festgestellt, würde sie morgen schon verändert sein. Der Entwicklungsstand der verschiedenen Zweige der Volkswirtschaft bedingt sie in hohem Grade und dieser ist selbst wieder sehr veränderlich. Einen besseren Maßstab als den der Kopfzahl würde man vielleicht, einen guten aber sicherlich nicht finden.

Davon abgesehen würde die Veredelung dem Reiche gar nichts einbringen. Denn die gerechtere Verteilung der Matrikularbeiträge schafft doch dem Reiche keinen Pfennig mehr an Einnahme. Sie ist ein internum der Einzelstaaten in deren gegenseitigem Verhältnis. Sie gibt und nimmt nichts zu oder von der Höhe weder des Gesamtbetrags der Matrikularbeiträge noch gar der Gesamteinnahmen oder Gesamtausgaben des Reiches. Aber auch der durch die Höhe der Matrikularbeiträge bedingten Notlage der Einzelstaaten würde nicht abgeholfen werden. Denn wenn infolge eines anderweiten Verteilungsmodus einige mehr, andere weniger als bisher aufgebürdet erhalten, so müßten dafür die ersteren auch mehr, die letzteren aber weniger an Überweisungen erhalten, auf die ja derselbe Modus Anwendung findet. Den reichen Staaten würde also noch mehr, den armen noch weniger gegeben werden müssen als bisher. Einen anderen

Modus für die Verteilung der Überweisungen als für die der Matrikularbeiträge einzuführen wäre aber doch eine bedenkliche Sache und würde die Gefahr großer Ungerechtigkeiten noch vergrößern.

Die Wirkung einer solchen Reform würde vielmehr nach einer ganz anderen Richtung hin gehen. Sie würde nämlich zu steigender Abwälzung der wachsenden Ausgaben auf die Schultern der Einzelstaaten erheblich anreizen. Man würde im Reichstage sagen: was brauchen wir neue Steuern? Die Einzelstaaten können ja die Deckung der Mehrausgaben getrost übernehmen, denn die Last der Matrikularbeiträge wird ja nun gerecht verteilt, so daß kein Grund zu Klagen wegen Überlastung mehr besteht. Freilich würde dieser Schluß falsch sein, denn auch die gerechteste Verteilung einer Last besagt noch nichts für die Tragfähigkeit der Mitglieder in Beziehung auf ihren Anteil. Verteilungsmaßstab und Tragfähigkeit sind zweierlei. Die absolute Höhe der verteilten Lasten kann auch bei unanfechtbarem Verteilungsmodus übermäßig drückend sein. Allein bei der mehrerwähnten Neigung des Reichstags, neue Ausgaben ohne Steuerdeckung zu bewilligen, würde die Abschiebung der Deckung des Mehrbedarfs auf die veredelten Matrikularbeiträge ein höchst willkommener Ausweg sein.

Dazu käme ein weiterer Nachteil, sofern ein Keim des Zwiespalts in das bundesfreundliche Verhältnis der Einzelstaaten zu einander getragen würde. Den Ruhm der größten Leistungsfähigkeit würden die Einzelstaaten sich nicht streitig machen, vielmehr würde jeder bescheiden zurückstehen wollen. Auch das gute Verhältnis der Staaten zum Reich würde getrübt, wenn der unausbleibliche Streit um die Einschätzung zur Beitragsleistung ausbräche. Diese ideale Seite des Verfassungslebens darf aber nicht gering gegenüber der materiellen eingeschätzt werden. Die Erneuerung der Einschätzung in gewissen Perioden, von 5 oder

10 Jahren, wäre bei der Unstetigkeit der wirtschaftlichen Verhältnisse nicht zu umgehen. Dadurch aber würde weiterhin eine große Unsicherheit in der staatlichen Finanzgebarung, außerdem aber bei jeder Erneuerung ein neuer Interessenkonflikt entstehen. Eine Quelle immer wiederkehrenden Verdrusses und immer neuer Sorgen für die Einzelstaaten würde geschaffen werden.

Verschieden von der Veredelung ist die schon mehrfach von den Regierungen geforderte gesetzliche Begrenzung der Matrikularbeiträge auf ein festes Maß an Stelle ihrer wünschenswerten Beschränkung auf Notfälle. Ihr Charakter als Ausgleichsmittel des jeweiligen Defizits würde ihnen damit genommen. In diesem Falle müßte daher gleichzeitig ein besonderer beweglicher Faktor geschaffen werden, um den Einnahmen die im Interesse der Balanzierung des Etats nötige Elastizität zu geben. Auch der Schein eines „Einnahmenbewilligungsrechtes" würde damit erlöschen, ohne daß ihm freilich eine Träne nachzuweinen wäre. Zu bedenken ist freilich, daß, wenn man die Matrikularbeiträge in verkürzter und verkleinerter Gestalt fortbestehen läßt, man diesen Rest nicht so leicht los werden wird. Weit besser wäre es daher, einfach tabula rasa mit ihnen zu machen.

Von einer Veredelung der Matrikularbeiträge wird auch in dem Sinne gesprochen, daß den Einzelstaaten irgend ein Modus ihrer Aufbringung reichsgesetzlich vorgeschrieben werden soll. Das wäre aber eine direkte Reichssteuer auf Umwegen oder, wie es der Abg. David im Reichstage genannt hat, eine indirekte direkte Steuer, da die Einzelstaaten die Matrikularbeiträge ganz überwiegend durch direkte Besteuerung aufbringen.

Für den Fall anderweiter Verteilung der Matrikularbeiträge wird bereits eine entsprechende andere Verteilung der Stimmen im Bundesrate gefordert. Nicht ohne innere Berechtigung, nach dem Grundsatze: gleiche Pflichten, gleiche Rechte. Der ganze Aufbau der Reichsverfassung würde damit aber in Frage gestellt.

Die Einteilung der Staaten in verschiedene Klassen würde auch eine eigentümliche Wertunterscheidung in sich schließen. Die Einreihung in die vier vorgeschlagenen Klassen erinnert einigermaßen an die Selbsteinschätzung der Reisenden in die vier Eisenbahnklassen. Ob die weniger gut situierten Staaten sich die darin liegende Herabsetzung à Konto geringerer Matrikularbeiträge würden gefallen lassen, ist sehr fraglich. Das „Klassenbewußtsein" werden sie wohl lieber den „Genossen" überlassen.

VI. Indirekte Reichssteuern.

Wenn sonach Reichseinkommen- und Reichsvermögenssteuer zu verwerfen sind, so könnte daraus gefolgert werden, daß das Reich auf den Ausbau seiner indirekten Besteuerung, einschließlich der Verkehrssteuern, zur Erschließung ergiebiger Einnahmen angewiesen sei. In der Tat treten gewichtige sachverständige Stimmen dafür ein. So namentlich Laband und Fuisting[1]). Sie berufen sich darauf, daß die Gesamtsteuerlast der reichsangehörigen Wirtschaftssubjekte jetzt bereits eine Kombination von direkten, indirekten und Verkehrssteuern darstellt und daß die in der indirekten Besteuerung zweifellos enthaltene Überlastung der ärmeren Klassen dadurch ausgeglichen werde, daß diese auf dem Gebiete der direkten Besteuerung durch gewisse Befreiungen entlastet seien. Die wohlhabenden Klassen würden dagegen auf diesem Gebiete durch die Steuerprogression gebührend herangezogen. Daher sei die bestehende Verteilung der Steuerquellen unter den Steuergewalten nicht wider die Billigkeit. Was die unteren Klassen an das Reich unverhältnismäßig mehr zahlten, werde durch ihre Entlastung bei der staatlichen direkten Besteuerung wett gemacht. Aber auch die in der indirekten Besteuerung liegende Überlastung selbst wird mit dem Prinzip der Allgemeinheit der Besteuerung, das hier zum Ausdruck komme, gerechtfertigt. Dieses sei gerade hier berechtigt,

[1]) „Finanzpolitische Zeit- und Streitfragen" von Fuisting, Präsidenten des Steuersenats des Oberverwaltungsgerichts, 1906.

weil die Aufgaben des Reichs im Interessenkreise der gesamten Reichsbevölkerung lägen und die Kosten ihrer Erfüllung daher auch von der Gesamtheit getragen werden müßten. Laband führt eingehend aus, daß die Leistungen des Reichs allen Ständen und Klassen zum Vorteil gereichten, Armen wie Reichen, ja sogar ganz besonders den ersteren. Die dafür erforderlichen Ausgaben müßten also von allen ohne Unterschied getragen werden.

Die lediglich indirekte Reichsbesteuerung wird hier durch das sogenannte Genußprinzip gerechtfertigt, nach welchem die Steuerleistung mit dem von der steuerlichen Gewalt dafür gewährten Vorteil oder Genuß motiviert wird und daher mit diesem in entsprechendem Verhältnis stehen muß. Das Genußprinzip ist aber als allgemeingültiges Prinzip von Wissenschaft und Praxis längst aufgegeben[1]). Die Allgemeinheit der Besteuerung gehört zu den Grundsätzen der Gerechtigkeit, deren vornehmster und wichtigster vielmehr die Besteuerung nach der Leistungsfähigkeit ist, die auch als Opfertheorie bezeichnet wird, da das in der Steuer dargebrachte Opfer für jeden nach seinen speziellen Verhältnissen gleich groß sein soll. Dieser Grundsatz enthüllt den innersten Kern der vollkommen gedachten Besteuerung, während die Genußtheorie praktische Bedeutung nur noch in gewissen besonderen Verhältnissen, wie namentlich denen der Kommunalverbände, besitzt. Mit der indirekten, besonders der Ver-

---

[1]) Prof. v. Eheberg sagt darüber in seiner „Finanzwissenschaft", 8. Aufl., 1903: „Dieses Kriterium widerspricht der organischen Auffassung vom Staate, enthält eigentlich nur eine Verallgemeinerung des Gebührenprinzips und ist als Steuerprinzip weder gerecht noch durchführbar. Es ist nicht gerecht, weil es gerade die unteren Klassen, die des öffentlichen Beistandes häufig in besonderem Grade bedürfen, viel höher belasten würde als die wohlhabenderen, und es ist praktisch nicht durchführbar, weil die Kosten für die meisten und gerade die notwendigsten und kostspieligsten Leistungen des Staates, z. B. der Aufwand für Sicherheit und Heerwesen, sich auf die einzelnen durchaus nicht in genauen Verhältnissen zu ihren Interessen an den hierfür bestimmten Einrichtungen repartieren lassen."

brauchsbesteuerung, verhält es sich aber, wenn man ihre Wirkungen betrachtet, so, daß in ihrem Wesen eine „Progression nach unten" liegt. Die von ihr belasteten Artikel sind ganz überwiegend solche, deren Verbrauch in den Haushaltungen der ärmeren Schichten eine größere Quote des Einkommens verzehrt als in denjenigen der wohlhabenden, und zwar steigt diese Quote mit abnehmendem Einkommen. Erfahrung und Statistik haben das zur Genüge bewiesen. Soweit die indirekte Besteuerung ergiebig ist, besteht sie gerade in der Belastung von Artikeln des Massenverbrauchs, denn die Belastung des Luxuskonsums der oberen Schichten bringt nur wenig ein. Die Masse, die diese Artikel verbraucht, besteht aber ganz überwiegend aus Personen mit kleinen und mittleren Einkommen. Es fragt sich nun: wird diese Überlastung der unteren und mittleren Volksschichten, nach der Art und dem Umfange, wie sie zur Zeit besteht, nicht nur beseitigt, sondern in das gebührende Gegenteil einer im Verhältnis der steigenden Einkommen steigenden steuerlichen Belastung verkehrt durch die bereits bestehenden Kompensationen auf den Gebieten der direkten Besteuerung? Diese Frage ist bei jeder Erhöhung der indirekten Steuerlast in Beziehung auf die dadurch bedingte Verschiebung der Gesamtsteuerlast von neuem zu prüfen.

Es muß nun hier dahingestellt bleiben und könnte bei den großen Verschiedenheiten der einzelstaatlichen Belastung mit direkten Steuern nur sehr schwer ermittelt werden, wieweit nach der jetzt bestehenden Gesamtsteuerbelastung das Ideal der Besteuerung nach der Leistungsfähigkeit etwa erreicht ist. Jedenfalls ist aber klar, daß eine sehr erhebliche Vermehrung der indirekten Steuerlast, wie sie jetzt geplant wird, entsprechender Kompensationen selbst dann bedürfen würde, wenn die Gesamtbelastung jetzt bereits gleichmäßig und daher gerecht verteilt wäre. Mit anderen Worten: jede Vermehrung der Steuern auf den Massenkonsum muß von steuerlichen Maßregeln begleitet sein, die eine entsprechende, erfolgreiche Gegenwirkung gegen die damit verbundene „Progression nach unten" ausüben. Denn niemand wird behaupten wollen, daß die unteren Schichten etwa schon einen Vorschuß von steuerlicher Entlastung mit auf den Weg bekommen hätten, auf dessen Konto hin eine einseitige Vermehrung der indirekten Steuern stattfinden könnte. Vielmehr entfällt umgekehrt vom Ertrag der Zölle und Verbrauchssteuern der weitaus größte Teil auf Gegenstände unentbehrlichen Lebensbedarfes oder des Verbrauches der großen Volksmasse. Von der Belastung durch Zölle und Verbrauchssteuern mit 17,75 Mk. pro Kopf der Reichsbevölkerung kommen 15,08 Mk. auf folgende Artikel dieser beiden Kategorien: Getreide, Salz, Petroleum, Kaffee, Bier, Branntwein, Tabak, Zucker. Wenn es sich jetzt vollends darum handelt, einen in der Geschichte der Reichsfinanzen unerhörten Mehrbedarf von jährlich 500 Millionen Mk. durch neue Steuern zu decken, so muß die Aufbringung dieser Summe außer auf dem Wege der Belastung des Massenverbrauches auch auf demjenigen der Heranziehung der Einnahmen zur Mittragung der Gesamtlast erfolgen. Da nun die Besteuerung des Einkommens als solchen ausschließlich Landessache ist und, wie dargelegt, den Einzelstaaten auch verbleiben muß, so muß das Reich selbst den nötigen Ausgleich der schädlichen Wirkungen der Massenverbrauchsbesteuerung herbeiführen, indem es neben der Gesamtheit der Reichsangehörigen die wohlhabenden Klassen noch besonders, und zwar so ausgiebig heranzieht, daß das Prinzip steuerlicher Gerechtigkeit voll gewahrt wird.

Dieses Hauptgebot für die Aufbringung des neuen Steuerbedarfes ist hier an die Spitze zu stellen, damit die nun sogleich anzuerkennende Tatsache, daß die indirekte Besteuerung des Reiches eines weiteren Ausbaues noch sehr wohl fähig ist, nicht zu dem voreiligen Schlusse verleitet, als müsse nach Abweisung direkter

Reichssteuern der ganze Bedarf ausschließlich auf die ergiebigere Besteuerung des Massenkonsums abgewälzt werden. Zu dieser an sich bestehenden Erweiterungsfähigkeit der indirekten Besteuerung kommt ferner noch, daß es der erfreulich fortschreitenden theoretischen Einsicht und praktischen Erfahrung in zunehmendem Maße gelingt, jene nachteilige Wirkung der „Progression nach unten" wenigstens erheblich abzuschwächen.

Die Steuerprojekte der Regierung sind bisher erst in allgemeinen Umrissen bekannt geworden und zum Teil sogar noch mythenhafte Gebilde. Es kann daher hier in der Hauptsache nur auf ihren aus den bisherigen Mitteilungen ersichtlichen Gesamtcharakter eingegangen werden. Geplant ist bekanntlich die Einführung eines Branntwein-Zwischenhandel-Monopols, eine Reform der Tabakbesteuerung durch Einführung einer nach den Kleinverkaufspreisen gestaffelten Banderolensteuer für Zigarren (und wohl auch für Pfeifentabak), eine Weinsteuer und wahrscheinlich auch eine Erhöhung der Biersteuer. Gemeinsam ist diesen Projekten, daß der absolut und pro Kopf der Bevölkerung stark wachsende Konsum dieser Luxusgenußartikel eine erheblich gestiegene steuerliche Leistungsfähigkett anzeigt, daß im Vergleich mit der Belastung des unentbehrlichen Lebensbedarfs durch die erhöhten Zölle, aber auch mit der Belastung der gleichartigen Genußmittel im Auslande, die deutsche Besteuerung sehr im Rückstande ist und daß insbesondere bezüglich des Branntweines auch die volkserzieherische Nebenwirkung der Vorbeugung unmäßigen Genusses und seiner verderblichen Folgen durch stärkere Besteuerung sicherer erreicht wird. Die Besteuerung alkoholischer Getränke bringt bei uns 4,71 Mk. pro Kopf ein, in Frankreich 12,34 Mk., in Großbritannien 17,26 Mk. bei ungefähr gleichem Konsum pro Kopf. Speziell beim Branntwein sind die entsprechenden Zahlen 2,74 gegen 6,74 und 11,54 Mk. und ferner gegen 7,84 Mk. in den Vereinigten Staaten. Der Tabak bringt bei uns 1,35 Mk., in Italien 5,70, in den Vereinigten Staaten 3,77, in Österreich 7,33, in Großbritannien 6,97 und in Frankreich 8,91 Mk. pro Kopf[1]). Dabei steht Deutschland im Tabakkonsum an dritter Stelle, nämlich nach Belgien und den Vereinigten Staaten. Der Wert des jährlich bei uns verbrauchten Tabaks beträgt rund 500 Millionen Mk.

Man wirft nun der Verbrauchsbesteuerung vor, daß das Prinzip der persönlichen Leistungsfähigkeit bei ihr nicht zur Geltung kommen könne, da sie rein objektiven Charakter habe, d. h. von der Person des Steuerträgers ganz absehe, und außerdem Qualität und Wert der Ware im Steuer- und Zollsatz nicht oder doch nicht gebührend berücksichtige. Hier greift aber die schon erwähnte erfolgreiche Fortbildung dieses Systems ein. Namentlich sind die Verbrauchssteuern einer sozialpolitischen Ausgestaltung sehr wohl fähig. Zunächst kommt die Auswahl der geeigneten Objekte in Betracht, die schon ihrer Art — vom Schaumwein bis zum Salz — nach einen sehr verschiedenen Grad von Leistungsfähigkeit anzeigen. Auch die Steuersätze lassen sich nach der Entbehrlichkeit oder gar Schädlichkeit der Verbrauchsgegenstände bemessen, ebenso aber auch nach der Richtung, ob jeder Familienangehörige, wie bei der Besteuerung von Fleisch und Brot, oder nur die erwachsenen männlichen Mitglieder, wie dies der Vorzug der Besteuerung von alkoholischen Getränken und Tabak ist, davon betroffen werden. Vor allem kommt aber in Betracht, daß auch der Wert des Steuerobjektes erfaßt und der Steuerbemessung als Maßstab zugrunde gelegt werden kann. So schon früher in primitiver Weise, wie etwa die Differenzierung des Zolles auf Wein in Fässern oder Wein in Flaschen, oder des Garnzolles nach der Feinheit der Garne. Neuerdings aber schließt man der Abstufung der Preise nach dem Werte

---

[1]) Nach Zahn, Die Finanzen der Großmächte.

die Abstufung der Steuersätze nach den Preisen an, so daß zwischen Wert und Steuer die im Interesse der Erfassung der steuerlichen Leistungsfähigkeit nötige Verhältnismäßigkeit geschaffen wird. Das beste Beispiel dafür bietet die Zigarettensteuer, die über Erwarten einträglich sich erwiesen hat und zugleich dem Anspruche der Besteuerung nach der Leistungsfähigkeit am weitesten entgegenkommt — beides sicher in ursächlichem Zusammenhange mit einander. Dieser einzige wirkliche Erfolg der letzten Reform sollte Anlaß geben, den eingeschlagenen Weg bei der übrigen Tabakbesteuerung und besonders bei derjenigen der Zigarren fortzusetzen, wie dies der angekündigte Entwurf auch zu tun scheint. Diese Steuerart greift namentlich in nur wenig belästigendem Maße in die Produktion und den Handel ein, indem sie nur genaueste Buchführung erfordert. Sie erfüllt auch eines der wichtigsten Erfordernisse zweckmäßiger Besteuerung, indem sie die Steuer erst unmittelbar beim Austritt der fertigen Ware aus der Produktionsstätte erhebt, so daß die beabsichtigte Überwälzung auf den Konsumenten möglichst gesichert ist und die Verteuerung durch Zwischenspesen soviel als möglich vermieden wird. Für den Konsumenten besteht dabei der Vorteil einer Selbsteinschätzung nach dem Grade seiner Leistungsfähigkeit, die er selbst am besten kennen muß. Darin liegt zugleich die beste Kautel gegen einen etwaigen erheblichen Rückgang des Konsums. Er braucht aber nicht einmal eine geringere Sorte zu rauchen, wenn er die Verteuerung seiner gewohnten nicht auf sich nehmen will. Produktion und Handel werden ihm entgegenkommen, so daß er z. B. mittelst eines kaum merkbar verkleinerten Formats sich leicht mit der Steuer abfinden kann. Er kann aber auch zu gleichem Preise eine um den Betrag der Steuer billigere Mischung vorziehen. Wahrscheinlicher ist freilich, daß ganz überwiegend die Verteuerung in den Kauf genommen werden wird. Sie kann es wenigstens, bei der gestiegenen Wohlhabenheit, und gerade der passionierte Raucher, der also am meisten zum Steueraufkommen beiträgt, wird das vorziehen. Die bisherige auffallende Vermehrung und Verfeinerung des Zigarrenkonsums läßt dies erwarten. Nach Dr. Lißners bekannten, sehr beachtenswerten Darlegungen [1]) ist der Aufwand für Tabak von 5,67 Mk. im Jahre 1877 auf 9,48 Mk. im Jahre 1905, also um 67 % gestiegen, so daß der Raucher durchschnittlich 16 Mk. jährlich mehr aufwendet. Die Steigerung der Zigarrenproduktion von 4 auf 8 Milliarden Stück, von 1877—1907, geht weit über das Maß der Bevölkerungszunahme hinaus, ebenso die Zunahme der Gesamtausgabe für Tabakgenuß aller Arten von 240 auf 600 Millionen Mk. im selben Zeitraum. Wenn es dann zutrifft, was Lißner ausführt, daß die Pfeifenraucher, Kauer und Schnupfer 19,3 % ihres Aufwandes als Abgabe zahlen, der Fünfpfennigzigarren-Raucher aber nur 12 %, der Zehnpfennigzigarren-Raucher 6,8 %, der Fünfzehnpfennigzigarren-Raucher 4½ %, so ist die geplante Steuer auch als Ausgleich dieser Ungleichmäßigkeit durchaus gerechtfertigt. Lißner rechnet nach den Erfahrungen bei der Zigarettensteuer einen Ertrag von allermindestens 50 Millionen Mk. heraus, wenn dabei die „Zigarre des Mittelstandes", die 5- und 6-Pfennig-Zigarre, um 1 Pfg. verteuert wird.

Der Tabak ist das entbehrlichste von allen Genußmitteln, weil das Verlangen nach seinem Genuß erst künstlich hervorgerufen, also kein elementares Bedürfnis damit befriedigt wird. Die bisherige, äußerst geringe steuerliche Belastung ist daher ungerechtfertigt, ganz abgesehen davon, daß die bestehende Form der Rohstoffbesteuerung nach dem Gewicht eine rohe, ungerechte ist, die den Wert des Objektes und daher auch die steuerliche Leistungsfähigkeit der Verbraucher gar nicht erfaßt, wohl aber

1) Dr. Lißner, „Die Reichsfinanzreform", 1908, und „Die deutsche Tabaksteuerfrage", 1907.

den inländischen Produzenten durch rigorose Kontrollen belästigt. Der inländische Tabak ist aber der minderwertigere, der daher schonend angefaßt werden sollte. Bekanntlich wird er überwiegend in Südwestdeutschland produziert, aber in Norddeutschland verarbeitet. Die Furcht, die neue Besteuerung werde eine Bevorzugung des geringwertigen einheimischen Tabaks in dem Maße zur Folge haben, daß die Tabakproduktion immer mehr nach dem Süden sich hinzieht, ist stark übertrieben. Dagegen spricht die Tatsache, daß bisher umgekehrt eine sehr starke Zunahme des Konsums von ausländischem Zigarrentabak stattgefunden hat, so daß der Anteil des inländischen am Gesamtverbrauch erheblich zurückgegangen ist. Die größte Ungerechtigkeit der bestehenden Steuerform liegt darin, daß infolge der Nichtberücksichtigung des Wertes gerade die wenig bemittelten Klassen verhältnismäßig viel stärker belastet werden als die wohlhabenden. Jene müssen nämlich mit aufbringen, was diese zu wenig zahlen. Eine völlige Umwälzung und rückläufige Entwicklung ist von einer Verteuerung der etwa 85 % des ganzen Konsums ausmachenden Mittelstandeszigarre um einen Pfennig nicht zu befürchten. Nach privaten Erhebungen eines Mitgliedes der badischen ersten Kammer, des Geh. Kommerzienrates Koelle, werden im Reich täglich für eine Million Mk. Zigarren geraucht, also für 365 Millionen Mk. im Jahre. Ein Volk, das sich solchen Luxus gestattet, wird wegen des einen Pfennig Steuer nicht zu verzweifelten Maßregeln — vom Raucherstandpunkte aus — greifen, wie zum Pfälzer oder Ukermarker Tabak statt des überseeischen oder gar zur Entsagung des Genusses. Bei den Preissteigerungen der Lebensmittel in den letzten Jahren sind ganz andere Verteuerungen hingenommen worden, speziell auch bei entbehrlichen Genußmitteln. Ein Rückgang der kleinen Betriebe oder eine Entlassung oder Lohnherabsetzung von Zigarrenarbeitern ist daher so wenig zu befürchten wie sie, nach Lißners interessanten Nachweisungen, bei Einführung der Gewichtsteuer an Stelle der Flächensteuer im Jahre 1879 eingetreten ist. Die Zahl der Betriebe hat sich nach amtlicher Statistik von 1875 bis 1895 verdoppelt, die der Arbeiter um fast die Hälfte vermehrt, entsprechend der Zunahme des Konsums. Die ganze Entwicklung der Produktion wie der Konsumtion drängt geradezu zu gerechterer und stärkerer steuerlicher Erfassung der Zigarre.

Das Spiritusmonopol-Projekt hat bisher für sich, daß die Spiritusinteressenten sich mit ihm abfinden zu können erklärt haben. Wie sehr der Branntwein bei uns an steuerlicher Ergiebigkeit zurücksteht, wurde schon dargetan. Dabei steht Deutschland im Branntweinkonsum nahezu an der Spitze aller Länder. Wenn eine schärfere Besteuerung eine Zurückdrängung der Volksvergiftung, die der Branntweingenuß darstellt, zur Folge hätte, so würde dieser Erfolg selbst mit einigem Zurückbleiben des wirklichen hinter dem geschätzten Mehrertrage noch billig erkauft sein. Für das jetzige uneinheitliche, zerstückelte und willkürliche Flickwerksystem der Branntweinbesteuerung bedeutet die in der Monopolform liegende Vereinfachung jedenfalls eine wahre Erlösung. Zudem hat das auf diesem Gebiete bestehende Privatmonopol dem Reichsmonopol bereits den Weg geebnet.

Eine etwaige Erhöhung der Biersteuer würde zu Lasten des Konsumenten gehen, nachdem die Reform von 1906 die norddeutsche Bierbesteuerung auf neue und bessere, mit der süddeutschen Besteuerung harmonierende Grundlagen gestellt und das Bier als Steuerobjekt auf Kosten der Produzenten und des Schanknutzens ergiebiger gemacht hat. Die der Absicht des Gesetzgebers zuwider versuchte Überwälzung auf die Konsumenten ist bekanntlich nicht geglückt. Wie weit diesmal eine Steuererhöhung zu Lasten der Verbraucher Aussicht hat, dem Reiche erhebliche Mehrerträge ohne Rückgang des Konsums und ohne Schädigung der Brauindustrie zu liefern, wird Sache des der

Regierung obliegenden Nachweises sein. Eine Forderung ausgleichender Gerechtigkeit ist die Besteuerung des Weines als des höherwertigen Getränkes. Bisher standen ihr nur steuertechnische Schwierigkeiten — freilich nicht geringer Art — sowie die Tatsache der staatlichen Weinbesteuerung Württembergs und Badens im Wege. Die Nachrichten über eine geplante Gas- und Elektrizitätssteuer sind zurzeit noch viel zu unbestimmt, um dazu Stellung nehmen zu können. Das gilt nicht nur von den Plänen selbst — ob auch die Kraftlieferung besteuert werden soll oder nur die Beleuchtung, ob die Steuer als reine Luxussteuer oder als eine den Massenverbrauch mit sehr niedrigen Sätzen belastende beabsichtigt ist — sondern vor allem auch von den Unterlagen des Projekts. Schwanken doch die Schätzungen des Jahreskonsums an elektrischer Kraft im Reiche von einer bis zu vier Millionen Kilowattstunden. Die Ergiebigkeit einer derartigen Steuer wird von sachverständiger Seite gering geschätzt. Eine große Schwierigkeit würde die Auseinandersetzung mit den zahlreichen Gemeinden bereiten, die aus dem Betriebe von Elektrizitätswerken erhebliche Einnahmen erzielen. Verfehlt ist die gelegentlich aufgetauchte Motivierung damit, daß die Kohle, der Hauptrohstoff für Gas und Elektriziät, keinem Zoll, wie das Petroleum, unterliege, denn die Kohle unterliegt einer erheblichen privaten Besteuerung in Form des Kartellnutzens des Kohlensyndikats, mit der sich der Petroleumzoll nicht messen kann. Eine Gassteuer hat Bismarck einmal den Gemeinden anempfohlen. Ihre Zulässigkeit als Gemeindesteuer ist freilich wegen § 14 des preuß. Kommunalabgabengesetzes streitig.

VII. Reichserbschaftssteuer und Reform des Intestaterbrechtes.

Trotz der erwähnten Fortschritte in der Besteuerungsmethode, durch welche die Wirkung der „Progression nach unten“ sich erheblich vermindert, wird die Verteilung der gesamten Mehrbelastung nach den Prinzipien der Gleichmäßigkeit und Leistungsfähigkeit noch nicht erreicht. Der Luxuskonsum belastet die mittleren und unteren Schichten, wenn sie sich ihm gewohnheitsmäßig hingeben, darum nicht weniger, weil er Luxusnatur hat. Ist also auch um dieser Natur willen seine ausgiebige Besteuerung angebracht, so hat der diesen Schichten angehörige Konsument die Steuerlast darum doch zu tragen. Freilich kann er seinen Konsum qualitativ und quantitativ einschränken. Dann wird aber der finanzielle Zweck der Steuer im gleichen Maße nicht erreicht. Bei der üblichen Vorstellung, daß „der Tabak“, „der Branntwein“, „das Bier“ mehr bluten solle, vergißt man allzuleicht, an die in Betracht kommenden Personen — die nach ihren wirtschaftlichen Verhältnissen differenzierten Verbraucher zu denken. Es ist vom volkswirtschaftlichen Standpunkte aus eine erfreuliche Tatsache, daß das Volk in der Lage ist, sich einen Luxuskonsum von 3—4 Milliarden Mk. jährlich zu leisten, an dem die unteren und mittleren Klassen überwiegend beteiligt sind, wenn es auch von anderem Standpunkte aus noch erfreulicher wäre, diese gewaltige Ausgabe für edlere Zwecke verwendet zu sehen. Für den Einzelnen ist aber die steuerliche Belastung darum, weil sie an entbehrliche Genüsse anknüpft, nicht geringer. Er trägt sie nur leichter und bequemer, wie es im Wesen der im Preise sich verkrümelnden indirekten Besteuerung liegt, und er kann sie seiner steuerlichen Leistungsfähigkeit jederzeit anpassen. Für den Wohlhabenden ist aber die Verteuerung seiner Zigarre um 2 oder selbst 3 Pfennige immer noch eine viel leichtere Sache als für den Mann mit geringem Einkommen die Verteuerung um einen Pfennig. Dort entsteht eine Unbequemlichkeit, hier eine Entbehrung oder ein Opfer. Ein Ausgleich ist also noch nötig, da ohne solchen das in der Steuer liegende Opfer auch trotz der Staffelung derselben noch verschieden groß ist. Dieser Ausgleich kann nur gefunden werden, indem der über die Grenzen bescheidenen Auskommens sich hinaushebende Vermögensbesitz mit einer besonderen Steuer bedacht wird. Ist er doch die Grundlage, auf welcher der besser situierte Verbraucher die Anpassung seines Genusses an die durch die Steuer bewirkte Verteuerung des Befriedigungsmittel erfolgreich vornehmen kann. Er ist dazu fähig, weil seine wirtschaftliche Existenz im Vermögensbesitz eine starke Wurzel hat, so daß er an Kraft zum wirtschaftlichen Fortkommen vielen überlegen ist. Als ein nobile officium der besitzenden Klassen bezeichnen es Prof. Schanz (in der bayrischen Reichsratskammer) und ebenso Lissner, ein Opfer zugunsten der finanziellen Leistungsfähigkeit des Reichs zu dem gleichen Zeitpunkt zu bringen, in dem man der großen Masse des Volks eine bedeutende Vermehrung der Verbrauchsbesteuerung auferlegt. Zu diesen mehr volkswirtschaftlichen Argumenten kommt noch ein schwerwiegendes finanzpolitisches: daß nämlich der Bedarf von 500 Millionen Mk. durch die gesamten Verbrauchssteuerreformen allein gar nicht gedeckt werden kann.

Als solche Ausgleichssteuer kommt nach Lage der Verhältnisse nur die Erweiterung der Erbschaftssteuer durch Einbeziehung der Abkömmlinge und Ehegatten und eine Reform des Intestaterbrechtes in Betracht. Denn das Reich hat mit der Reform von 1906 die Erbschaftssteuer den Einzelstaaten endgültig aus der Hand genommen, worüber diese sich auch schwerlich im Unklaren gewesen sein können. Das Recht der Besteuerung der Abkömmlinge und Ehegatten ist ihnen zwar geblieben, ebenso das Recht, Zuschläge zur Reichserbschaftssteuer zu erheben und ein Anteil von einem Drittel am Ertrage der letzteren. Dadurch ist diese aber ein Torso geworden und es war längst klar, daß bei weiterem Wachsen des Reichsbedarfs und bei der großen Schwierigkeit der Auffindung neuer Steuerquellen der Ausbau der Erbschaftssteuer auf Kosten des verbliebenen Restanteils der Einzelstaaten der verhältnismäßig leichteste Abhilfeweg sein würde. Rascher als erwartet ist dieser Fall eingetreten. Die Finanzminister Bayerns und Badens haben sich, obwohl sie diesem Ausbau nicht mit Sympathie gegenüber stehen, bei Gelegenheit der Landtagsdebatten bereits in ihr Schicksal ergeben und aus der Not eine Tugend gemacht.

Die Ausdehnung der Erbschaftssteuer auf die Abkömmlinge und Ehegatten unterliegt nicht zu unterschätzenden Bedenken, die sich niemals werden völlig beseitigen lassen. Nicht der Angriff auf den Bestand der Familie, den ein an sich keineswegs tadelnswerter Idealismus darin lange Zeit erblickt hat, ist damit gemeint, sondern eine Anzahl von realen Momenten. Die wirtschaftliche Lage dieser Erben wird in vielen Fällen durch den Tod des Erblassers, dessen Fürsorge und Arbeitskraft nun dahin sind, verschlechtert. Der gewiß nicht antifiskalische Miquel nahm im Jahre 1893 sogar an in 80—90 % aller Fälle. Etwa vorhandenes Vermögen hat in der Regel diese Erben schon miternährt, so daß eine Bereicherung mit der erlangten Verfügung darüber nicht notwendig eintritt. Sie haben vielfach auch, namentlich in der Landwirtschaft, selbst mitgeholfen, das Vermögen zu erwerben, so daß es also angesammeltes und oft genug geradezu abgedarbtes Arbeitseinkommen ist. Folgen innerhalb derselben Familie Todesfälle rasch aufeinander, so wirkt die Steuer wie eine Strafe für das Sterben. Erbliche Belastung mit Disposition zu gewissen Krankheiten ist aber leider nur allzu verbreitet. Die Statistik der furchtbaren Volkskrankheit, der Tuberkulose, liefert traurige Beweise dafür. Die Steuer trifft ferner die Vermögensarten höchst ungleichmäßig. Die in landwirtschaftlichen Besitz, in kleinen und mittleren Gewerbebetrieben festgelegten Werte bieten gerechter Abschätzung oft große Schwierigkeiten. Die Übernahme des väterlichen Gutes durch einen bestimmten Erben, die einer weitverbreiteten Sitte entspricht, bringt diesen schon wegen der Auszahlung der Erbanteile an seine Miterben in Schwierigkeiten, die erheblich vergrößert werden, wenn die Zahlung der Erbschaftssteuer hinzukommt. Die Klagen über Bewirtschaftung mit zu geringem Betriebskapital sind allgemeine. Durch Zahlung der Erbschaftssteuer wird dieses aber noch mehr vermindert. Wird der Übernehmer gar zu hypothekarischen Schulden dadurch gezwungen, so verschlimmert sich die Überschuldung des Grundbesitzes noch. Die Abhilfemittel der Stundung und ratenweisen Zahlung können allerdings diese Nachteile abschwächen (§ 47 des Erbschaftssteuergesetzes), ebenso die Steuerermäßigungen gemäß § 15. Das bewegliche Vermögen kann sich der Besteuerung leichter entziehen. Die steuerliche Untersuchung gerade in der Zeit eines Trauerfalls wirkt sehr peinlich.

Empfohlen wird die Steuer anderseits damit, daß beim Erbanfall ohnehin eine Liquidation des Vermögens des Erblassers stattfinde, daß die erbenden Kinder wirtschaftlich stärker werden, daß vor allem der Erbanfall einen unentgeltlichen Erwerb und reinen Vermögenszuwachs darstelle. Ferner würde eine Durchbrechung des Prinzips der Allgemeinheit in der Ausschileßung der Abkömmlinge und Ehegatten liegen. Die Steuer bilde eine wirksame Kontrolle der Einkommens- und Vermögenssteuer, sie sei absolut unüberwälzbar und endlich habe sie sich in anderen Staaten gut bewährt. Sie brachte im Jahre 1901 bei uns durchschnittlich nur 0,48 Mk. pro Kopf ein, dagegen in Großbritannien (das freilich keine Vermögenssteuer hat!) 9,17, in Frankreich 4,12, in den Niederlanden 3,81 und in Belgien 3,02 Mk. In den Hansestädten ist der Ertrag, bei Mitbesteuerung der Abkömmlinge und Ehegatten, rund 3,50 Mk. pro Kopf. Zur innerlichen Rechtfertigung der Ausdehnung kann man neben den hergebrachten Motivierungen auch auf die großen Aufgaben hinweisen, die gerade das Reich sich auf dem Gebiete der Sozialpolitik gestellt hat und die zu dem Anschwellen des Reichsbedarfs erheblich mitwirken. Die voll ausgebildete Erbschaftssteuer ließe sich insofern als sozialpolitische Ergänzung der Reichsfinanzpolitik bezeichnen. Den wirtschaftlich Schwachen zu helfen, ist die Aufgabe der Sozialpolitik. Die Kosten dieser Hilfe von den Besitzenden zu erheben, würde zugleich logisch gedacht und sozial empfunden sein. Gerade beim Erbfall tritt der Besitz besonders augenfällig zutage und also auch besonders nahe in den Bereich steuerlicher Erfassung.

Was den finanziellen Gewinn der Ausdehnung betrifft, so ist vor weitgehenden Hoffnungen zu warnen [1]). Es fallen nämlich zwar zwei Drittel vom Werte aller Erbschaften auf die Abkömmlinge und etwa 9 % auf die Ehegatten, zusammen also etwa drei Viertel. In Deutschland von ca. 4 Milliarden Mk. jährlich vererbtem Vermögen mithin ca. 3 Milliarden. Allein da man gerechterweise die Steuer nach den Graden der Verwandtschaft ansteigen läßt, so fallen vom gesamten Steuerertrage auf

[1]) Prof. v. Eheberg und Dr. Gerloff kommen übereinstimmend auf einen Mehrertrag von etwa 25 Millionen Mk. bei dem proportionalen Steuersatz von 1 %, den Lübeck und Elsaß-Lothringen haben.

Abkömmlinge und Ehegatten nur etwa 25—30 %. Dazu kommt noch, daß beim Kinderreichtum Deutschlands die Erbmassen in mehr und daher kleinere Teile gehen, wodurch die nach der Höhe des Erbanfalls stattfindende anderweite Steuerprogression im allgemeinen weniger hoch als z. B. in Frankreich steigen wird. Die notwendige Schonung kleinerer Erbanfälle und des landwirtschaftlichen Besitzes wirken ebenfalls dahin, die Ergiebigkeit zu schmälern.

In den Plänen der Reichsregierung scheint die Idee einer allgemeinen Nachlaßsteuer, welche den ganzen Nachlaß als solchen ergreift und zu der bestehenden Besteuerung der Seitenverwandten hinzutritt, in Aussicht genommen zu sein. Diese Steuerform wurde schon bei der Reform von 1906 im Reichstage angeregt und erörtert.

Man mag die Ausdehnung der Erbschaftssteuer auf die Abkömmlinge und Ehegatten aus Überzeugung vertreten oder bekämpfen — sicher ist, daß sie in der gegenwärtigen Lage der einzige Ausweg aus zwei großen Schwierigkeiten ist: der gerechten Ergänzung der neuen Mehrbelastung des Massenverbrauchs, ohne sich auf direkte Reichssteuern (im eigentlichen Sinne) dabei einlassen zu können, und ferner der Notwendigkeit, den von dieser Mehrbelastung nur halb gefüllten Reichsbeutel ganz zu füllen. Dieser Ausweg hat den unübertreffbaren praktischen Vorzug, daß das Reich bereits die Hand auf der Erbschaftssteuer hat und es nur noch eines weiteren gesetzgeberischen Schrittes nach derselben Richtung bedarf, um die Steuer in ihrem ganzen Umfange dem Reichsinteresse dienstbar zu machen. Wenn es brennt und Wasser zur Stelle ist, wird man solches nicht von weiter her holen. Nur führt dieser Weg allein noch nicht zum Ziele jenes gerechten Ausgleichs und zugleich der vollen Deckung der halben Milliarde Mehrbedarf. Das in beiden Hinsichten Fehlende wird aber unschwer aufgebracht werden, wenn die Regierung sich entschließen sollte, der von dem Justizrat Bamberger in Aschersleben zuerst gegebenen [1]) und im Reichstage von den verschiedensten Seiten sehr beifällig aufgenommenen Anregung zur Ausschließung des Intestaterbrechts entfernten Seitenverwandten zugunsten des Reichsfiskus Folge zu geben. Freilich nicht soweit, daß nur die Pflichtteilsberechtigten noch ab intestato erben würden, wohl aber dahin, daß entferntere Verwandte als Geschwisterkinder nur kraft Testaments zur Erbfolge gelangen können. Das schrankenlose Intestaterbrecht verdankt seine Entstehung der starren Konsequenz der römischen Rechtslogik, seine Fortdauer bis auf den heutigen Tag dem großen Gesetze der Trägheit, dessen Wirken auf Gesetz und Rechte Goethe im „Faust" so herrlich formuliert hat. Dem alten deutschen Rechte ist die römische Auffassung fremd. Für die Gegenwart weist Bamberger auf Österreich hin, wo die Erbfolge mit der sechsten Parentel, auf den code civil, wo sie mit dem zwölften Grad, und auf Mexiko und einige andere amerikanischen Staaten, wo sie noch früher zugunsten des Staates abschließt. Den maßvollen Darlegungen Bambergers kann im ganzen durchaus zugestimmt worden. Der römische Standpunkt des Bürgerlichen Gesetzbuchs ist im Entwurfe seines erbrechtlichen Teiles im Wesentlichen nur mit der Blutsverwandtschaft motiviert worden. Aber diese verdünnt sich mit dem der Zahl nach zunehmenden Grade der Verwandtschaft ganz außerordentlich und ist schließlich oft kaum noch feststellbar. Dieser Verwässerung wird vom Erbrecht in keiner Weise Rechnung getragen. Der allerentfernteste Verwandte, der kaum irgendwelche persönlichen Beziehungen zum Erblasser gehabt hat, erbt in Ermanglung zwischenstehender lebender Personen den ganzen Nachlaß. Die neue Erbschaftssteuer schwächt durch hohe Sätze (bis zu 25 %) dieses radikale System etwas ab, doch nur unzulänglich.

---

[1]) „Erbrechtsreform. Ein sozialpolitischer Vorschlag zur Befestigung der Reichsfinanzen", 1908. Die Broschüre enthält die verschiedenen, von demselben Verfasser über das Thema geschriebenen Aufsätze.

Ist denn nun aber die bloße Tatsache der Verwandtschaft des Blutes die eigentliche ratio legis oder nicht vielmehr die Folgerung, daß aus der Abstammungsgemeinschaft nahe Beziehungen zwischen den Blutsverwandten hervorgehen und sich auch betätigen? Gefühle der Familienzusammengehörigkeit, der Zuneigung, der gegenseitigen Stützung in Bedarfsfällen usw. Durch das Werden und Wirken derartiger ethischer Beziehungen erlangt doch erst die an sich rein zufällige Tatsache der Blutsverwandtschaft sittliche und soziale Bedeutung und Kraft und daher auch für das Recht entsprechende Wichtigkeit. Wie steht es nun aber in Wirklichkeit damit? Aus zahllosen Klagen wissen wir, und wir sehen es durch die Beobachtung bestätigt, daß das moderne Leben dem Familienzusammenhange außerordentlich entgegenwirkt und zentrifugale Tendenzen darin erzeugt. Dieser Zusammenhang schrumpft mehr und mehr zusammen und umfaßt gegenwärtig fast nur noch die auf- und absteigende Linie, kaum noch die erwachsenen Geschwister. Die Familie, die sittliche Grundlage des Intestaterbrechts, ist ein engerer Begriff geworden. Die alte Regel, daß eine Familie eine Reihe von Generationen hindurch in derselben Stadt ansässig war, ward zur Ausnahme. Die Unrast des modernen Lebens löst den Zusammenhang der Familienglieder in der Seitenlinie rasch auf und mit der räumlichen Trennung lockern sich die Bande des Familienlebens und Familiensinnes. Der Einzelne findet größeren oder geringeren Ersatz in der Berufsgemeinschaft, im reichgestalteten Vereinsleben, in Freundschaften, in Organisationen sozialer Selbsthilfe. In Fällen notwendig werdender Unterstützung treten immer häufiger und wirkungsvoller Gemeinde, Staat, Reich und die von ihnen dafür geschaffenen Verbände statt der früheren verwandtschaftlichen Hilfe ein. Dazu kommen noch andere Momente. Nimmt man den Abkömmlingen, also den nächsten Angehörigen, durch die Ausdehnung der Erbschaftssteuer einen Teil ihres Erbes, so tritt damit der Gedanke von selbst näher, die entfernten Seitenverwandten nicht mehr, wie bisher, nur mit einer hohen Steuer zu belasten, sondern überhaupt ihr Erbrecht von dem testamentarisch erklärten Willen des Erblassers abhängig, bei dessen Ermanglung aber das Reich zum Erben zu machen. Die dadurch bewirkte Vermehrung der Reichseinnahmen greift nicht in den volkswirtschaftlichen Prozeß der Erzeugung oder des Umsatzes der Güter ein, was nie ohne Störungen und Gefährdungen zu geschehen pflegt. Sie verletzt überhaupt kein Interesse, denn die Erwartung des entfernten Seitenverwandten, Erbe zu werden, ist eine ungewisse, da der Erblasser sie jederzeit ausschließen kann.

Die Einwendungen, die man gegen den Vorschlag erhoben hat, sind nicht stichhaltig. Ein alter Ladenhüter ist die, daß man ein Stück Sozialismus damit verwirkliche. Wir kennen sie von der Verstaatlichung der Eisenbahnen, der Einführung des Reichszuschusses zur Invalidenversicherung, der progressiven Gestaltung des Steuerfußes der Einkommensteuer, der staatlichen Erwerbungen von Bergwerken und anderen Gelegenheiten her und wissen, daß große und segensreiche Fortschritte dadurch zustande gekommen sind, daß man ihr nicht Gehör schenkte. Ernsthafter ist das Bedenken, daß künftig mehr Testamente zugunsten sonst ausgeschlossener Seitenverwandter errichtet werden möchten, wodurch der finanzielle Zweck der Reform nur teilweise erreicht würde. Sicherlich wird das in gewissem Umfange geschehen, aber er wird nicht so groß sein, daß das Reich nicht eine bedeutende Einnahmequelle in diesem seinem Erbrechte erwürbe. Zwar dürften die Erwartungen Bambergers, in jedem Falle mindestens 500 Millionen Mk. für das Reich zu erzielen, erheblich zu hoch gespannt sein. Allein die Gründe, die den Erblasser davon abhalten, zugunsten entfernter Seitenverwandter zu testieren, werden durch die Reform großenteils nicht beseitigt.

Sie bestehen namentlich in dem bekannten Volksaberglauben, daß, wer ein Testament macht, bald stirbt, in der Gleichgültigkeit gegenüber dem Gedanken, in welche Hände das Vermögen dereinst fallen wird, in der psychologisch sehr erklärlichen Abneigung, sich überhaupt mit dem eigenen Tode und dem, was damit zusammenhängt, zu beschäftigen, ferner oft in andauerndem Zweifel, wem das Vermögen zuzuwenden und wie es zu verteilen ist, oder in dem Wunsche, die Erben auf ihre Erbwürdigkeit hin erst noch zu beobachten und überhaupt die Entscheidung für alle Fälle möglichst lange in der Hand zu behalten. Auf alle diese Momente wird die eventuelle Ersetzung der Seitenverwandten durch das Reich als Intestaterben keinen oder nur geringen Einfluß ausüben. Das Unterlassen der Testierung bedeutet aber in der Regel einen starken Mangel an Familiensinn, also von derjenigen Eigenschaft, durch welche, wie dargetan, die bloße Tatsache der Blutsverwandtschaft zu so starker sittlicher und rechtlicher Bedeutung erhoben wird, daß sie zur Grundlage eines den ganzen Nachlaß ergreifenden gesetzlichen Erbrechtes wird.

Endlich ist auch der Einwand Gerloffs nicht stichhaltig, daß die Einnahmenvermehrung des Reiches kein sittlich berechtigtes Motiv zur Umgestaltung des Erbrechts sei. Die Sache liegt doch so, daß die Haltlosigkeit des Intestaterbrechtes der entfernten Seitenverwandten klar zutage liegt, mag man nun dabei ein Auge auf den Geldbedarf des Reiches richten oder nicht. Greift das Reich hier nicht zu, so fällt zugunsten der Aufrechterhaltung jenes Erbrechtes dadurch kein Atom in die Wagschale. Die Finanznot des Reiches ist nur die äußere Veranlassung und der Anstoß, mit einem Rechte aufzuräumen, das innerlich morsch und unhaltbar geworden ist. Daß diese Beseitigung dem Reiche gerade jetzt finanziell sehr gelegen kommt, spricht sicherlich *nicht gegen* ihre Ausführung.

VIII. Ausblicke.

Die Steuerprojekte der Regierung erschöpfen die Reservoirs der Besteuerung keineswegs. Der Ausdehnungsfähigkeit des Reichsbedarfs gegenüber bestehen glücklicherweise noch Quellen, die noch nicht angerührt sind. Es ist aber von Wichtigkeit, sich des Vorhandenseins solcher Reserven bewußt zu sein, um nicht den Gedanken aufkommen zu lassen, als ob das Reich mit der bevorstehenden Einnahmenvermehrung am Ende seiner finanziellen Kräfte angelangt sei. Nur einige wenige Hinweise können hier gemacht werden. Welche gewaltige Summen werden in unserer Volkswirtschaft einerseits verschleudert, anderseits mühelos erworben, ohne den Bedürfnissen des Reiches auch nur um einen Pfennig dienstbar gemacht zu werden. Wie viele Millionen werden wohl jährlich im Reiche ausgegeben für eine geschäftliche Reklame, die, zum mindesten in ihren vielfachen Übertreibungen und oft grotesken und widerlichen Auswüchsen, volkswirtschaftlich betrachtet, größtenteils eine Vergeudung darstellt, von der sehr wohl ein Teil für das Reich nutzbar gemacht werden könnte. Die damit verbundene Belästigung der Allgemeinheit kommt den mit der Veranlagung und Erhebung der indirekten Reichssteuern notwendig verbundenen Störungen und Unbequemlichkeiten oft mindestens gleich. Die Gesamtheit hat von all den Aufwendungen zum Zwecke gegenseitigen Abfangens der Kunden und Suggerierens von oft recht zweifelhaften „Kulturbedürfnissen", worauf es doch in der Hauptsache hinausläuft, gar keinen

Nutzen; sie dienen ersterenfalls nur zur Verschiebung der Verteilung des Umsatzes, nicht zur Erhöhung des Umsatzes selbst, in keinem Falle aber zur Schaffung neuer oder höherer wirtschaftlicher Werte. Freilich würden bei der Erschließung von Steuerquellen auf diesem Gebiete erhebliche materielle und technische Schwierigkeiten zu überwinden sein. Bei der Erörterung des Planes einer Inseratensteuer, die übrigens nur einen Teil der Reklame treffen würde, sind solche zahlreich zutage getreten. Das Inserieren ist in vielen und leider schwer ausscheidbaren Fällen durchaus kein Zeichen steuerlicher Leistungsfähigkeit, oft sogar eher vom Gegenteil. Eine Steuer auf Geschäftsunkosten ist dazu immer von fraglicher Wirkung betreffs der Überwälzung und endgültigen Tragung. Gegenüber einer Steuer vom Reinertrage der geschäftlichen Unternehmung ist sie mit mancherlei Mängeln behaftet. Anderseits sprechen aber ähnliche Momente wie bei der Börsenumsatzsteuer und der Wechselstempelsteuer wiederum für die Ertragbarkeit einer den Massenverkehr mit sehr niedrigen Sätzen belastenden und dabei doch einträglichen Steuer dieser Art.

Auf der entgegengesetzten, der Einnahmenseite, ist die Aufhäufung großer, mühelos erworbener Reichtümer, von denen die Besteuerung sich geradezu ängstlich fernhält, schon längst eine Massenerscheinung des wirtschaftlichen Lebens geworden. Aus der Steigerung der städtischen Bodenrente werden alljährlich viele Hunderte von Millionen, mit oder ohne Hilfe der Spekulation, von Einzelnen oder mittelst assoziierten Kapitals, ohne jede Aufwendung von Arbeit als Gewinn gezogen. Solche Fälle sind bekanntlich mit Händen zu greifen, je nach dem örtlich verschiedenen Tempo der die Bodenwertsteigerung bedingenden wirtschaftlichen Entwicklung, vorzüglich derjenigen der Gemeinwesen, die darum auch einen berechtigten Anspruch auf Abgabe eines bescheidenen Teiles des *unverdienten Wertzuwachses* haben. Aber nur mit großer Mühe ist es gelungen, den Gedanken der Wertzuwachssteuer, der gerechtesten und sozialsten aller Steuern, in einer wachsenden Zahl von Gemeinden zur Tat werden zu lassen, meistens auch noch unter ängstlicher Schonung der plutokratischen Interessen dieser spezifischen Gattung bei der Ausführung der Besteuerung [1]). Staat und Reich halten sich bisher ganz fern von der Erschließung dieser Steuerquelle. Die offenen und verborgenen Einflüsse, die, um zu ihr zu gelangen, zu überwinden sind, erfordern freilich herkulische Kräfte zu ihrer Bewältigung. Aber der Hinweis auf diese Schätze darf wenigstens nicht unterbleiben, wenn man die Stellen abklopft, wo die Steuerkraft im Berge steckt. Und eines steht fest: groß genug sind diese Schätze, um neben den Gemeinden auch dem Reiche einen Anteil zu verschaffen, der eine starke Goldflut in die ebbende Reichskasse zu treiben vermöchte und dabei immer noch genug unverdienten Gewinn übrig ließe.

Wie aber auch immer die Steuerquellen fließen mögen, von größter Wichtigkeit bleibt stets die Schaffung eines wirklichen *beweglichen Faktors* auf der Einnahmenseite, und zwar besonders deshalb, weil die indirekte Besteuerung, auf die das Reich in erster Linie doch angewiesen bleibt, ihrem Wesen nach der Beweglichkeit entbehrt. Ihre Erträgnisse sind hauptsächlich von den wirtschaftlichen Konjunkturen abhängig, die einem ewigen Wechsel unterworfen sind. Dem beharrlichen Wachstum der Aufgaben des Reiches paßt sich dieses auf und nieder nicht an. Diesem organischen Fehler ist nur abzuhelfen durch Einfügung eines spezifischen beweglichen Faktors. Will man einzelne Steuern oder Steuergruppen nicht beweglich machen, so bliebe noch das

---

[1]) Trotzdem erbrachte diese Steuer im letzten Jahre z. B. der Stadt Frankfurt a. M. 1106000 Mk., der Stadt Köln 287000 Mk., der Stadt Dortmund 243000 Mk. (nach Mitteilungen der „Nationalzeitung", Nr. 457, vom 24. September 1908).

Fortschreiten auf dem mit der Spiritusmonopolvorlage eingeschlagenen Wege der Reichsmonopole. Daß dies dereinst geschehen wird, ist durchaus nicht so unwahrscheinlich, wie es jetzt scheinen mag. Die unermüdlichen Deklamationen gegen das Prinzip der Monopole brauchen am wenigsten daran irre zu machen. Welche Wandlung hat sich von der Ablehnung des Branntwein-Monopols durch den Reichstag mit erdrückender Mehrheit im Februar 1886 bis zur anscheinend allseitig sympathischen Aufnahme des jetzigen Monopolprojektes bereits vollzogen! Es ist nicht ausgeschlossen, daß im Wettlaufe der Entwicklung der Reichsaufgaben und damit auch der Reichsausgaben mit dem Wachstum der Steuerkraft des Volkes die erstere zeitweise erheblich die Vorhand gewinnt und das Reich alsdann nicht mehr von den steuerlichen Beiträgen aus dem Einkommen seiner Angehörigen zu leben in der verhältnismäßig immer noch bequemen Lage ist, sondern durch eigene wirtschaftliche Arbeit an der Erzeugung und dem verkehrsmäßigen Umsatze der Güter teilzunehmen und daraus einen Teil der Mittel für seinen Unterhalt zu gewinnen sich veranlaßt sieht. In der Preisfestsetzung hätte es dann einen beweglichen Faktor der Einnahmen in der Hand. Es gibt wirtschaftliche Betriebsarten genug, die für einen Staats- und insbesondere für den Reichsbetrieb sich sehr wohl eignen, wo also die Momente der Spekulationen, des Konjunkturenwechsels usw. nicht maßgebend sind. Als Beispiel könnte man die Zündholzfabrikation nennen. Das Reich könnte die Einrichtung derartiger Monopolbetriebe zugleich auch dem Zwecke dienstbar machen, Arbeiter in lohnende Beschäftigung zu nehmen, die durch die nebenhergehende Reform einer Verbrauchssteuer in der Arbeitsgelegenheit oder Lohnhöhe oder sonst vielleicht gefährdet würden. Die ganze Entwicklung unserer Volkswirtschaft geht immer mehr auf Wege über, die einer Befreundung mit dem Prinzip von Reichsmonopolen günstig ist. Namentlich könnte das Reich aus ganz anderen als finanziellen Gründen auf die Monopolbahn geradezu gedrängt werden, wodurch zugleich für seine Finanzen ein ungewolltes, darum aber nicht minder erfreuliches Ergebnis gezeitigt würde, ähnlich wie die staatliche Monopolisierung des Eisenbahnwesens in Preußen ganz wider Erwarten dem Staate Überschüsse von Hunderten von Millionen brachte. So könnte das Reich zunächst namentlich zu einem Petroleum-Monopol gelangen als dem einzigen verbleibenden Auswege aus unerträglich gewordenen Zuständen, über welche die bekannte Broschüre von Joseph Leis „Das Reichsmonopol im Petroleumhandel" (Regensburg, 1908) vorzüglich unterrichtet.

Damit wird die Frage der bestehenden und in der Entstehung begriffenen Privatmonopole aufgerollt, auf die hier aber nur hingedeutet werden kann. Die überaus starke Spannung, die durch diese zahlreichen Monopole auf den wichtigsten Gebieten des wirtschaftlichen Lebens erzeugt wird, der Druck, den sie nicht nur auf die Konsumtion sondern auch auf die Produktion ausüben, verlangen immer dringender nach Lösung und Befreiung. Die Reichsfinanzfrage wird hier von ganz anderen großen Strömungen erfaßt und in Bahnen mit hineingezogen, auf denen sie einer vorteilhaften Lösung, namentlich bei rechtzeitiger Erfassung und Ausnutzung der Situation, sehr wohl zugeführt werden kann. Das Monopol hat Vorzüge und Schattenseiten, ist aber nicht der Schrecken aller Schrecken, als das man es vielfach hinzustellen beliebt. Bei weiterem Anziehen einerseits der Reichssteuerschraube anderseits der Privatmonopolschraube kann man in der Wandlung der Ansichten über die Zweckmäßigkeit eigener, die Steuerzahler entlastender Reichsbetriebe noch weit größere Wunder erleben als mit dem Umschwung der Meinung über das Spiritusmonopol, dessen Einführung und gute Bewährung übrigens schrittmachend wirken würde. Gewiß muß der Konsument im Preise der monopolisierten Ware eine

Steuer mitbezahlen, aber da das Reich hier den ganzen Unternehmergewinn und nicht bloß ein mühsam abgezwacktes Teilchen desselben in die Tasche steckt, kann diese Steuer auf mäßiger Höhe gehalten werden, wobei sie gleichwohl alle Vorzüge der indirekten Besteuerung, besonders ihre Eigenschaft, den Steuerdruck kaum merkbar zu machen, teilt. Wie glänzend stünde das Reich finanziell jetzt da, hätten wir seinerzeit das Reichstabakmonopol und das Reichseisenbahnmonopol bekommen!

Diese Hinweise auf Zukunftsmöglichkeiten können bei dem scharfen Tempo unserer volkswirtschaftlichen Entwicklung weit früher Bedeutung erlangen, als man zurzeit etwa annehmen möchte. Wie es damit aber auch immer bestellt sein möge, die gegenwärtige Lage fordert vor allem die Erfassung der Reichsfinanzreform als einer großen nationalen Frage und eine in diesem Bewußtsein mit aufrichtiger Hingebung geleistete Mitarbeit aller zu ihrer Lösung berufenen Teile. Eine Politik tut hier not von einer Weite des Gesichtskreises, wie sie den Begründern der Reichseinheit eigen war, die eine große nationale Aufgabe auch mit dem nationalen Augenmaße erfaßten, sie in der ganzen Fülle ihrer Bedeutung, ihres Zusammenhanges mit den Lebensbedingungen des Volkes und unter dem Ausblick auf die Bahnen einer übersehbaren Zukunft begriffen und in Angriff nahmen. Am Vorabend der neuesten und umfassendsten Reichsfinanzreform kann daher der gesetzgeberischen Behandlung der Regierungsvorlagen, von denen nun auch die letzten Schleier demnächst fallen werden, kein besserer Wunsch mit auf den Weg gegeben werden als der, daß ein starker Hauch des Geistes aus der großen Zeit der Reichsgründung zu spüren sein möge an den Stätten, wo ihr Schicksal sich entscheidet.

FSC
www.fsc.org
MIX
Papier | Fördert gute Waldnutzung
FSC® C083411

Kolibri 360 GmbH
Ferdinand-Jühlke-Straße 7
99095 Erfurt, Deutschland
produktsicherheit@kolibri360.de